传统文化教育全国中小学实验教材（天津版）

基础教育课程教材发展中心推荐图书

论 语 （下）

中国国学文化艺术中心

编 著

天津出版传媒集团

天津人民出版社

图书在版编目 (CIP) 数据

中国传统文化教育全国中小学实验教材：天津版．
论语．下 / 中国国学文化艺术中心编著．－－ 天津：天
津人民出版社，2017.7

ISBN 978-7-201-12111-6

Ⅰ.①中… Ⅱ.①中… Ⅲ.①中华文化—中小学—教
材②儒家 Ⅳ.① G634.301

中国版本图书馆 CIP 数据核字（2017）第 157504 号

论语（下）

LUNYU XIA

出　　版　天津人民出版社
出 版 人　黄　沛
地　　址　天津市和平区西康路 35 号康岳大厦
邮政编码　300051
邮购电话　（022）23332469
网　　址　http://www.tjrmcbs.com
电子信箱　tjrmcbs@126.com

责任编辑　杨　芊
装帧设计　大荣原创

印　　刷　江西省和平印务有限公司
经　　销　新华书店
开　　本　787 毫米 ×1092 毫米　1/16
印　　张　8.75
字　　数　187 千字
版次印次　2017 年 7 月第 1 版　2017 年 7 月第 1 次印刷
定　　价　25.00 元

《中国传统文化教育全国中小学实验教材》（天津版）

编委会

总　顾　问：陶西平　郭福昌　李长喜

总　编　辑：滕　纯　郑增仪　普颖华

　　　　　　张　健　张本义

编　委　会：柳　芳　钟作慈　杨继宗　张　凯

　　　　　　陈　洪　王爱红　李广文　王振良

　　　　　　薛川东　刘志永　赵　鸣　李治邦

　　　　　　郑彦伟　李　伟　赵竟中　桂梦春

　　　　　　张公武　孙大章　苏金良　李　里

　　　　　　姜　昆　姚有志　袁静芳　李墨卿

　　　　　　迟朋亘　张　践　李正堂　王金和

　　　　　　辛　欣　钱　茸　刘传田　高广通

　　　　　　于建福　郑淑惠　滕潇然　占　迪

　　　　　　徐海元　关海燕　孙志君　崔　婕

　　　　　　韦美秋　刘潇然　李芮锐　滕坤朋

　　　　　　吴望如（中国台湾）　程　风（中国台湾）

《论语》是怎样的一本书

　　《论语》是儒家学派的经典著作之一，记录了孔子和他的弟子的言行，包括哲学思想、政治主张、品德修养、伦理道德和教育原则等内容。孔子名丘，字仲尼，春秋后期鲁国鄹邑昌平乡（今山东曲阜东南）人。我国古代伟大的思想家、政治家、教育家。

　　《论语》以语录体和对话文体为主，全书共二十篇，集中体现了孔子的政治主张、伦理道德观点和教育思想。全书言简意赅，含蓄隽永，意义深刻，其中有许多言论至今仍被世人视为至理名言。南宋时期，朱熹把《论语》《大学》《中庸》《孟子》合为"四书"，成为儒家的重要经典，对后世影响深远。可以说，《论语》是中国人修身治国的珍贵文献。

目 录

第十六课

多欲焉得刚

子曰："吾未见刚①者。"或对曰："申枨②。"子曰："枨也欲③，焉得刚？"

——《论语·公冶长》

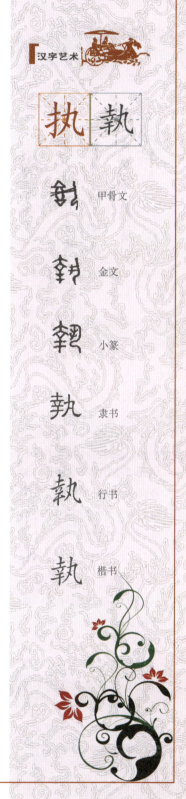

汉字艺术

执 執

钊 甲骨文

𡙸 金文

𡙸 小篆

執 隶书

執 行书

執 楷书

【注释】

①刚：刚毅、刚烈。②申枨（chéng）：孔子的弟子。③欲：欲望。

【译文】

孔子说："我没有见过刚毅不屈的人。"有人回答说："申枨就是这样的人。"孔子说："申枨这个人也有很多欲望，哪里能算刚毅不屈呢？"

【拓展】

人要到无欲之境才能刚毅不屈。但人生在世，没有欲望是很难的，关键是要把握好度。所谓"傲不可长，欲不可纵，志不可满，乐不可极"，就是这个意思。孟子曰："富贵不能淫，贫贱不能移，威武不能屈。"一个人不汲汲于富贵，不戚戚于贫贱，方能刚毅不屈，担当天下大事。

【链接】

自我控制是最强者的本能。　　——［英］萧伯纳

中国传统书法

米芾《法华台诗帖》（局部）

米芾，北宋书法家，"宋四家"之一。祖籍山西，后迁居湖北襄阳，时有"米襄阳"之称。相传米芾个性怪异，喜穿唐服，嗜洁成癖，生性狂放，人称"米颠"。米芾书法清逸奔放，笔画遒劲挺拔，苏轼盛赞其书法"如风樯阵马，沉着痛快"。

■风樯阵马：出自唐杜牧《太常寺奉礼郎李贺歌诗集序》："风樯阵马，不足为其勇也。"这里是指书法体势骏疾，飘逸超迈。

匹夫不可夺志

子曰："三军可夺帅也，匹夫不可夺志也。"

——《论语·子罕》

【译文】

孔子说："军队的主帅可以被改变，一个人的志向却不能随便被改变。"

【拓展】

何晏《论语集解》曰："三军虽众，人心不一，则其将帅可夺而取之。"三军之勇在人，如果三军众而人心不齐，那么其将帅不难夺而取之。一个老百姓，虽然势单力薄，只要他确立了志向并坚守不渝，别人就无法使其动摇。

【链接】

老骥伏枥，志在千里；烈士暮年，壮心不已。

——〔东汉〕曹操

志不立，如无舵之舟，无衔之马，漂荡奔逸，终亦何所底乎。

——〔明〕王守仁

松柏后凋

子曰："岁寒，然后知松柏之后凋①也。"

——《论语·子罕》

米芾《蜀素帖》（局部）

【注释】

①凋：凋落。

【译文】

孔子说："到了每年天气最寒冷的时候，才知道松树与柏树是最后凋零的。"

【拓展】

松柏在春夏之际与其他草木一样青翠繁茂，看不出谁的生命力更强盛。而到了天气最寒冷的时候，一般的草木皆枯萎凋零，但松柏之类的树木却依然苍翠挺拔。这就好比人处顺境，难以分出谁的道德操守好，但是一遇逆境，其人品高下、操守好坏便泾渭分明了。《正气歌》曰"时穷节乃见"，说的就是这个意思。作为一位胸怀大志的君子，就要像松柏那样不随波逐流，环境越严酷，越显现操行之坚贞。

【链接】

咬定青山不放松，立根原在破岩中。千磨万击还坚劲，任尔东西南北风。

——〔清〕郑燮

《蜀素帖》，行书，被后世誉为"天下第八行书"。此书用笔俊迈，笔势飞动，结构险峻而又率意，缩放有致，跌宕起伏，刚柔相济。

3

强 项 令

鱼游荷叶沼

鹭立蓼花滩

东汉光武帝时，京都洛阳是全国最难治理的地方，因为这里聚集了大批的皇亲国戚。洛阳令董宣到任后，遇到的第一个棘手的难题，就是处理湖阳公主的家奴行凶杀人的案件。

湖阳公主的家奴在街上杀了人，董宣立即下令逮捕他。不料，湖阳公主却极力袒护。董宣从腰中拔出刀来在地上一划，厉声责问她身为皇亲，为什么不守国法。湖阳公主一下子被这凛然的气势镇住了，洛阳府的吏卒一拥而上，把凶犯从公主的车上拖了下来，就地正法。

光武帝得知这件事后，命人将董宣带到公主面前磕头谢罪。但是年近七旬的董宣用两只胳膊支撑着地，梗着脖子，怎么也不肯磕头认罪。光武帝从心眼儿里喜欢董宣的骨气，对他进行了嘉奖和鼓励。

从此，"强项令"的威名传遍了全国，整个洛阳城的豪强、皇亲，没有一个不怕他的。

此句出自《声律启蒙·十四寒》。意思是：鱼在长满荷叶的池塘里游动，鹭鸶在开满水蓼花的滩边站立。

4

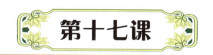

士志于道

子曰："士^①志于道，而耻^②恶衣恶食者，未足与议也。"

——《论语·里仁》

【注释】

①士：读书人。②耻：意动用法，以……为耻。

【译文】

孔子说："读书人立志追求道，但却以自己吃穿得不好为耻辱，对这种人，是不值得与他谈论道的。"

【拓展】

君子食无求饱，居无求安。对于真理的追求，是学习的根本目的，只要与真理为伍，对于穿破衣、吃粗粮的穷困生活亦能泰然处之。我们在日常的学习生活中，亦应该以学习为重，而不应该把精力放在衣食住行的攀比上。

【链接】

贫困不是耻辱，羞于贫困才是耻辱。

——[英]托·富勒

汉字艺术

丧　甲骨文

金文

小篆

丧　隶书

丧　行书

丧　楷书

5

士不怀居

子曰："士而怀①居②，不足以为士矣。"

——《论语·宪问》

米芾《公议帖》（局部）

《公议帖》，行书信札。米芾"风樯阵马"的书风在此帖中得到了充分体现。该帖行距疏朗，每行字数不同，长短参差不齐，纵意潇洒。结体较正交杂，或上侧而下正，或上正而下侧，或右侧而左正，或左侧而右正，俯仰顿挫，熠熠生辉。

【注释】

①怀：留恋。②居：安居。

【译文】

孔子说："读书人留恋安逸舒适的生活，就不足以称为读书人了。"

【拓展】

传统的读书人称为士人，士人是国家、民族的栋梁。士人所追求的是大道，而不是个人的享乐。国学大师钱穆说得好："士当厉志修行以为世用，专怀居室居乡之安，斯不足以为士矣。"正如刘备当年批评许汜只知"求田问舍"而不知担当救国救民之大任，所以被人看轻。当代社会，读书人应当把国家的"富强、民主、文明、和谐"作为共同追求。

【链接】

大丈夫必有四方之志。 ——〔唐〕李白

士不可以不弘毅

曾子曰："士不可以不弘①毅②，任重而道远。仁以为己任，不亦重乎？死而后已③，不亦远乎？"

—— 《论语·泰伯》

米芾《临沂使君帖》（局部）

《临沂使君帖》，行草书信札。开头着意取势，笔断势连，峭拔飞扬，接着以端正为纲，落笔稳重，敦朴端庄，最后又跃上情感的巅峰，或可借用陆游的诗句"风云入怀天借力"来表现其书法沉着痛快的风格。

衰柳耐秋寒　　嘉禾忧夏旱

此句出自《声律启蒙·十四寒》。意思是：长势良好的禾苗经不起夏天的干旱，凋零衰败的柳树耐得住秋天的寒冷。

【注释】

①弘：宽广，宏大。②毅：坚毅。③已：停止。

【译文】

曾子说："读书人心胸不可以不宽广，意志不可以不坚毅，因为他责任重大，所要经历的路途遥远。他要以实现天下的仁德作为自己的责任，这责任难道不重大吗？他为此奋斗终生，到死方休，这路途难道不遥远吗？"

【拓展】

自强与弘毅是读书人的传统美德，求实和创新是读书人的现代精神。读书人应该胸襟宽广，眼光远大，意志刚毅，重使命，肯担当，只有这样，才能为国家、为社会承担起应有的责任。

【链接】

读书是我唯一的娱乐。我不把时间浪费于酒店、赌博或任何一种恶劣的游戏；而我对于事业的勤劳，仍是按照必要，不倦不厌。

——[美]富兰克林

朋友切切偲偲

子路问曰："何如斯可谓之士矣？"子曰："切切偲偲①，怡怡②如也，可谓士矣。朋友切切偲偲，兄弟怡怡。"

——《论语·子路》

【注释】

①切切偲偲（sī）：相互勉励的样子。②怡怡：和顺的样子。

【译文】

子路问道："什么样的人可称为士呢？"孔子说："相互勉励，和睦共处，这样可称为士了。朋友之间互相勉励，兄弟之间和睦相处。"

【拓展】

子路所问的"士"，相当于君子、读书人一类的人。相互切磋鼓励，彼此融洽亲和，这是孔子倡导的交友之道，自然也被列为君子修养的规范之一。

【链接】

君子与君子以同道为朋，小人与小人以同利为朋。
——〔北宋〕欧阳修

汉字艺术

达　達

甲骨文

金文

小篆

隶书

行书

楷书

刘宠清廉为政

赵佶《小楷千字文》（局部）

赵佶，即宋徽宗，擅诗词，工花鸟，擅楷书、草书。他的楷书取法黄庭坚、薛稷等人的瘦劲风格，后自创"瘦金体"。赵佶虽治国昏庸无能，却堪称中国古代最具艺术天赋的皇帝。

《小楷千字文》为赵佶23岁时用独创的瘦金体所书。此帖间架开阔，笔画劲利，清逸润朗，别具一格。

刘宠，字祖荣，东汉东莱牟平（今山东省烟台市牟平）人，官至司徒、太尉。其为人清廉不贪，爱民如子，曾感叹："为官之道，舍一分则民多一分赐，取一文则官少值一文钱！"

刘宠担任会稽太守期间，清正廉明，洁身自好。离任时，有五六位须发皆白的老人前来送行，老人们说："以前为官者贪钱恋物，常常闹得鸡犬不宁，百姓寝食不安。自从您任太守以来，官吏克己奉公，百姓安居乐业。今日太守要走，大家实感难舍难离，特来相送，以表心意。"说着，每人托出一百文钱，要交给刘宠途中使用。刘宠听罢，十分感动，说："父老乡亲如此褒奖，我实在惭愧。大家的心意我领受了，这钱我不能收，还是请带回去吧！"老人们情真意切，执意赠送。刘宠再三推辞，但见老者长跪不起，盛情难却，只得从各人手中选一文钱受之，老人们这才称谢作别。出山阴县至西小江时，刘宠将收下的那几文钱轻轻地投进了江中。人们为纪念这位勤政清廉、为民造福的太守，把此地改称"钱清"，并建祠纪念，人称"一钱太守庙"，又临江建一亭，取名"一钱亭"。

耻其言而过其行

子曰："君子耻其言而过其行。"

——《论语·宪问》

中国传统书法

赵佶《闰中秋月诗帖》（局部）

【译文】

孔子说："君子感到羞耻的是说得多做得少。"

【拓展】

一个人为人处世要言而有信，"言过其行"是君子引以为耻的。在现实生活中，信口开河的人，其实是缺乏经验的人，他们常会贻误大事，哪能立身处世、治国安邦？只说不做或者多说少做都是言过其行的表现，在实际生活中，我们要引以为戒。

【链接】

不闻不若闻之，闻之不若见之，见之不若知之，知之不若行之。

——〔战国〕荀子

《闰中秋月诗帖》，楷书，赵佶瘦金体代表作之一。该帖用笔劲健又不失妩媚，笔画牵连之处如游丝，柔美飘逸，通篇舒展劲挺，锋棱分明，力度均匀，洋洋洒洒，充分彰显了一代大国之君的风范。

言忠信，行笃敬

子张问行①。子曰："言忠信，行笃②敬，虽蛮貊③之邦，行矣。言不忠信，行不笃敬，虽州里，行乎哉？"

——《论语·卫灵公》

秋沼芰荷天　春园花柳地

此句出自《声律启蒙·一先》。意思是：春天的庭园是鲜花和柳树生长的地方，秋天的池塘是菱角和莲藕成熟的天地。

【注释】

①行：行为，又一说"通达"。②笃：敦厚，诚敬。③蛮貊（mò）：我国古代称南方的民族为蛮，称东北方的民族为貊。

【译文】

子张问做人做事怎样才能行得通。孔子说："说话忠厚诚信，做事诚敬谨慎，纵使到了别的部族国家，也会畅行无阻。倘若言不忠信，行不笃敬，即使在本乡本土，又怎么行得通呢？"

【拓展】

孟子曰："君子不亮，恶乎执"，意思是说，君子如果不诚信，拿什么为人处世呢？无论我们处于什么位置，干什么工作，诚实是最可靠、最可贵的品质。直至当下，诚信仍是社会主义精神文明建设的重要内容。《中庸》里说，"诚者，天之道也；诚之者，人之道也"，天地自然是真实的，我们做人也要像天地那样自然真实，不弄虚作假、自欺欺人。

【链接】

人无忠信，不可立于世。　　　　——〔北宋〕程颐

骄　驕

驕　小篆

驕　隶书

驕　行书

驕　楷书

赵佶《欲借风霜二诗帖》（局部）

不以言举人

子曰："君子不以言举人，不以人废言。"

——《论语·卫灵公》

《欲借风霜二诗帖》，楷书。此帖由七言诗和五言诗各一首合并而成，字体瘦直挺拔，横画收笔带钩，竖画收笔带点，撇如匕首，捺如切刀，竖画细长而内敛，连笔似飞而干脆，转折处可见藏锋、露锋、运转提顿的痕迹。

藏锋：指书法起笔时，毛笔的笔尖落墨被遮住，笔锋不显露。

露锋：指书法起笔时，毛笔的笔尖落墨露在外面，笔锋显露。

【译文】

孔子说："君子不会因为某人言辞好听就举荐他，也不会因为某人品德不好就全部否定他的言辞。"

【拓展】

言辞动听的人未必有德，名声不好或人品不端的人未必就没有好的见解。不因言举人，也不因人废言，一切实事求是，从实际出发，这才符合辩证法的精神。

【链接】

从传闻出发，人们不可能学好科学，正如从格言出发，不可能获得智慧一样。

——[英]萧伯纳

君之所以明者，兼听也；其所以暗者，偏信也。

——〔东汉〕王符

狄仁杰犯颜直谏

狄仁杰是唐朝名相，杰出的政治家。狄仁杰为官清正严明，为了拯救无辜，敢于拂逆君主之意，后人称之为"唐室砥柱"。

仪凤元年（676年），武卫大将军权善才误砍昭陵柏树，唐高宗大怒，将其定为死罪。狄仁杰当即上奏说权善才罪不当死。唐高宗生气地说："权善才砍我父亲陵园的树使我不孝，必须杀。"狄仁杰据法说理："自古人们都认为向君主直言是一件很难的事情。我认为，直言是非、提出意见这等事，遇到桀、纣这样的昏君是可怕的，对臣子来说是困难的事；但是遇到尧、舜这样开明的君主则是很简单的事。如今权善才按律令来说罪不至死，而陛下一定要杀他，这等于是使法律不能让人信服，那么今后人民做事就都没有了分寸！"他接着说道："现在陛下因为昭陵的一棵树要杀一位将军，那么过了千百年之后，人们会认为陛下是一位什么样的君主呢？所以我不敢奉命杀权善才，以免把陛下推到无道之地。"唐高宗最终改变了主意，赦免了权善才的死罪。

中国传统书法

岳飞《前出师表》（局部）

岳飞，南宋爱国名将。岳飞虽出身行伍，但能诗擅词，书法以行、草为主，畅快淋漓，似龙腾虎跃。

《前出师表》，行草，书作一气呵成，写得酣畅淋漓，综观如电掣雷奔、龙飞凤舞，细视则铁画银钩、顿挫抑扬。其挥洒纵横，如快马入阵。

不耻下问

子贡问曰："孔文子[①]何以谓之'文'也？"子曰："敏而好学，不耻下问[②]，是以谓之'文'也。"

——《论语·公冶长》

明蟾常彻夜

骤雨不终朝

此句出自《声律启蒙·二萧》。意思是：明月能照耀整个晚上，暴雨下不了一整个早晨。

【注释】

①孔文子：卫国大夫，姓孔，名圉(yǔ)，字仲叔，谥号文。②不耻下问：不以下问为耻。下问，向地位比自己低或才学不如自己的人请教。

【译文】

子贡问孔子："孔文子这个人为何谥号为'文'呢？"孔子说："孔文子聪敏灵活，勤奋好学，而且不以向地位、学问比自己低的人请教为耻，因此以'文'字做他的谥号。"

【拓展】

谥号，是我国古代统治者或有地位的人死后，根据他们的生平给予的一种称号，反映了当时人们对死者品行的评价。据《左传》记载，孔圉在道德上有瑕疵，所以子贡有疑问。所谓"尺有所短，寸有所长"，而"不耻下问"正是孔文子最突出的特点。只有保持一颗谦恭的心，勤学好问，才可以日有长进。如果骄傲自满、自以为是、刚愎自用，就只能孤陋寡闻了。

【链接】

我没有什么特别的才能，不过喜欢寻根刨底地追究问题罢了。
　　　　　　　　　　——[美]爱因斯坦

汉字艺术

纲　綱

綱　小篆

綱　隶书

綱　行书

綱　楷书

大哉，尧之为君也

子曰："大哉，尧之为君也！巍巍乎①！唯天为大，唯尧则②之。荡荡乎③，民无能名④焉。巍巍乎其有成功也，焕乎⑤其有文章⑥！"

——《论语·泰伯》

赵构《七言律诗》（局部）

暮春三月巫峡长晴，行云浮日光雷声急，送千峰雨花气浑如百和香黄莺过水翻迴去，燕子衔泥湿不妨飞阁

赵构，即宋高宗，南宋第一个皇帝，政治上昏庸无能，但却精于书法，擅真、行、草书，笔法洒脱婉丽，自然流畅，颇得晋人神韵。

《七言律诗》，楷书，又名《暮春三月诗帖》。诗帖以中锋书写，通幅章法疏朗，字体匀称、圆润，墨色统一，观之令人赏心悦目。

【注释】

①巍巍乎：崇高、伟大的样子。②则：效法，学习。③荡荡乎：像海水一样波澜壮阔、浩瀚无边。④名：形容，称颂。⑤焕乎：光辉。⑥文章：指文化礼仪、典章制度等。

【译文】

孔子说："尧作为天下的君主多么伟大啊！多么崇高啊！只有天能这么高大，只有尧才能够效法天。多么浩荡啊，人民已无法用语言来称颂他！他的丰功伟绩多么崇高啊！他的礼仪制度多么光辉灿烂啊！"

【拓展】

尧是传说中古代部落联盟的领袖，是人们心目中最理想的贤明君主。司马迁赞曰："其仁如天，其知如神。就之如日，望之如云。富而不骄，贵而不舒。"孔子以"天"的高度赞扬尧，因为天的伟大在于天生万物，而自己既不表功，也不求回报。尧能够效法天，为民谋利，施德政，定历法，建国制，选贤能，孕育了中华民族的传统文化，创造了一个百业兴旺、安居乐业、和谐尚礼的文明盛世。孔子对尧的德行和功业表达了由衷的赞扬和崇敬，也抒发了自己的政治理想与人格追求。

【链接】

先天下之忧而忧，后天下之乐而乐。

——〔北宋〕范仲淹

人生价值，应该看他贡献什么，而不是取得什么。

——〔美〕爱因斯坦

中国传统书法

赵构《洛神赋》（局部）

《洛神赋》，行草，是赵构晚年作品。该帖运笔雄浑沉着，飘逸灵动，流畅自如，虽字字独立，但字形的变化神秘莫测，提、按、转、折无不如意。

19

白驹形皎皎

黄鸟语交交

禹，吾无间然矣

子曰："禹①，吾无间②然矣。菲③饮食而致④孝乎鬼神，恶衣服而致美乎黻冕⑤，卑⑥宫室而尽力乎沟洫⑦。禹，吾无间然矣。"

——《论语·泰伯》

此句出自《声律启蒙·三肴》。意思是：白马洁白光亮，黄鸟叫声和谐。

【注释】

①禹：即夏禹，夏朝的开国君主，又叫大禹、帝禹。
②间：间隙，指缺点。在此作动词用，指责。③菲：薄。
④致：努力，尽力。⑤黻（fú）冕：古代祭祀时，穿的礼服叫黻，戴的帽子叫冕。⑥卑：敝陋，简陋。⑦沟洫（xù）：即沟渠，田间水道，这里指农田水利。

【译文】

孔子说："大禹，我对他没什么可挑剔的了。他自己的饮食粗陋，却把祭品办得很丰盛；他自己穿得很破烂，却把祭服制作得很华美；他住的宫室很简陋，却致力于兴修水利。大禹，我对他没什么可挑剔的了。"

【拓展】

禹是与尧、舜并称的圣王。他奉舜的命令治理洪水，大公无私，鞠躬尽瘁，为民兴利除害，三过家门而不入。这位领袖的德行与功绩让孔子和世世代代的炎黄子孙肃然起敬，称颂不已。

【链接】

人的生命是有限的，可是，为人民服务是无限的,我要把有限的生命，投入到无限的为人民服务之中去。

——雷锋

汉字艺术

恶 恶

惡 小篆

惡 隶书

惡 行书

惡 楷书

孔子请教采桑娘

公元前 489 年，孔子第三次到陈国讲学，适逢吴国正在攻打陈国。陈国求救于楚国，楚国发兵与吴军战于城父（今安徽亳州东南）。楚昭王听说孔子在陈国，派人聘请孔子。而孔子和他的弟子们被围困在陈国和蔡国之间，并断了粮，据说有七天七夜没有吃饭。后来陈、蔡两国派人给孔子送去一颗九曲明珠，说是如果能用丝线穿过珠孔，就放他们出去。孔子和弟子们拿起这颗明珠，都试着用丝线去穿，可是怎么也穿不过去。

不得已，孔子让弟子们去请教采桑娘。采桑娘说："你们先用蜂蜜把丝线涂一涂，再去找只蚂蚁，把丝线拴在蚂蚁的腰上，叫蚂蚁去钻那颗九曲明珠的孔。如果蚂蚁不肯钻，只消用烟熏一熏，自然就钻过去了。"

孔子感叹地对弟子们说："采桑娘比我聪明。人哪怕向学识才能不如自己的人请教，也能学到东西啊！"

赵构《徽宗文集序》（局部）

《徽宗文集序》，楷书，赵构晚年作品。通篇以中锋书写，布局疏朗，字体匀称圆滑，墨色清晰，飘逸潇洒而又不失典雅雍容，尽显一代君王落落大方之风韵。

朽木不可雕

宰予①昼寝。子曰："朽木不可雕也，粪土之墙不可杇②也。于予与何诛③？"

——《论语·公冶长》

中国传统书法

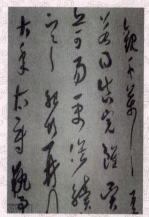

薛绍彭《晴和帖》（局部）

薛绍彭，宋代书法家，和米芾并称为"米薛"。

《晴和帖》又称《大年帖》，草书信札。通篇用笔圆润，结法内敛，锋藏不露，书风古雅清逸，近乎王羲之的《初月帖》。

一椽书舍小

百尺酒楼高

【注释】

①宰予：姓宰，名予，字子我，鲁国人，孔子的弟子。②杇（wū）：泥瓦匠人抹墙的工具叫杇，把墙壁抹平也叫杇。这里是"粉刷、涂抹"的意思。③诛：指责。

【译文】

宰予白天睡觉。孔子说："腐烂了的木头无法雕琢，粪土般的墙壁无法粉刷。对于宰予，我该怎么批评他呢？"

【拓展】

宰予大白天睡觉，孔子对此表示愤慨，并斥责他"朽木不可雕"。生命短暂，岁月易逝，我们没有时间用来浪费。"一寸光阴一寸金"，我们要养成珍惜时间的好习惯，多读书，读好书，为将来走向社会打下良好的基础。

【链接】

在今天和明天之间，有一段很长的时间；趁你还有精神的时候，学习迅速办事。　　——［德］歌德

此句出自《声律启蒙·四豪》。意思是：小小的书舍只有一间，高高的酒楼约有百尺。

听其言而观其行

子曰："始吾于人也，听其言而信其行；今吾于人也，听其言而观其行。于予①与改是②。"

——《论语·公冶长》

杀 殺

朱 甲骨文

杀 金文

𣏌 小篆

殺 隶书

殺 行书

殺 楷书

【注释】

①予：宰予。②是：代词，指上文"听其言而信其行"。

【译文】

孔子说："开始的时候我看一个人，听了他的话就相信他的行为；现在我看一个人，听了他的话还要看他的行为。这个改变是因为宰予而开始的。"

【拓展】

孔子门生中，宰予擅长辞令，说话娓娓动听，头头是道。但宰予志大才疏，经常说大话而不能践行。孔子从与宰予的交往中悟到，观察人的最有效的方法是"听其言而观其行"。

【链接】

兼听则明，偏信则暗。

——〔唐〕魏徵

巧言、令色、足恭

子曰："巧言①、令色②、足恭③，左丘明耻④之，丘亦耻之。匿⑤怨而友其人，左丘明耻之，丘亦耻之。"

——《论语·公冶长》

陆游《怀成都十韵诗》（局部）

陆游，南宋爱国诗人，有"小李白"之称，擅行草和楷书，但其书名为其诗名所掩。他自称"草书学张颠（张旭），行书学杨风（杨凝式）"，书法如其诗，雄沉郁勃，意致高远。

《怀成都十韵诗》，草书，陆游晚年作品。该作品点画凌厉，用笔劲健、沉雄峭拔，"有郁勃雄豪之气，却又不失敦厚理智"。

【注释】

①巧言：花言巧语。②令色：装出好看的脸色。③足恭：过分恭敬。④耻：意动用法，以……为耻。⑤匿：隐瞒，隐藏。

【译文】

孔子说："花言巧语，满脸堆笑，过分恭敬，左丘明认为这样的人可耻，我孔丘也认为这种态度可耻。内心隐藏着对一个人的怨恨，表面上却与那人交朋友，左丘明认为这种行为可耻，我孔丘也认为这种行为可耻。"

【拓展】

表里不一的行为可耻。孔子尖锐地指出了两种情况：一种是过分恭顺，奴颜婢膝；另一种是内心怨恨，表面友善。这两种行径均是为人所不齿的。谦虚和虚伪不是一回事。谦虚是美德，而虚伪却包藏祸心。

【链接】

真正的朋友应该说真话，不管那话多么尖锐。

——[苏]奥斯特洛夫斯基

中国传统书法

辛弃疾《去国帖》（局部）

辛弃疾，南宋豪放派词人，和苏轼齐名，合称"苏辛"。

《去国帖》，楷书，为应酬类书稿，是辛弃疾仅见的墨迹。通篇中锋用笔，书写流畅自如，点画尽合法度，端庄沉稳、方正挺拔而无豪纵恣肆之态。

善者好之，不善者恶之

子贡问曰："乡人皆好之，何如？"子曰："未可也。"

"乡人皆恶之，何如？"子曰："未可也。不如乡人之善者好之，其不善者恶之。"

——《论语·子路》

山耸有余高　水流无限阔

此句出自《声律启蒙·四豪》。意思是：流淌的河水十分宽阔，耸立的山峰非常高大。

【译文】

子贡问道:"乡里人都说他好,怎么样啊?"孔子说:"不能就此肯定他好。"

子贡又问:"乡里人都说他坏,怎么样啊?"孔子说:"不能就此肯定他坏。不如乡里的好人都称赞他,有恶行的人都厌恶他。"

【拓展】

众人所好之人未必就是好人,还可能是缺乏原则性、四面讨好的"老好人"。众人所恶之人未必就是坏人,也许是好的动机招致坏的结果,得罪了众人。对众人的好恶必须去调查了解,仔细观察,从正反两方面进行对照和印证,这样才能做出客观的评价。

【链接】

尺有所短,寸有所长。 ——〔战国〕屈原

汉字艺术

齐 齊

甲骨文

金文

小篆

隶书

行书

楷书

孔子错怪颜回

颜回是孔子最得意也最信任的门生之一。有一次，孔子周游列国，被困在陈、蔡两国之间，七天没有饭吃。颜回好不容易找到一点儿米，便赶紧埋锅造饭。米饭将熟之际，孔子闻香抬头，恰好看到颜回用手抓出一把米饭送入口中，便假装没看见。

过了一会儿，颜回来请孔子去吃饭，孔子说："我刚才梦到我父亲，想用这干净的白饭来祭拜他。"颜回说："不行，这饭已经不干净了，刚刚烧饭时有些烟灰掉入锅中，弃之可惜，我便把被弄脏的那一点儿抓出来吃掉了。"孔子这才知道错怪了颜回。

孔子极为感慨，对弟子说："所信者目也，而目犹不可信；所恃者心也，而心犹不足恃。弟子记之，知人固不易矣！"就是说，亲眼所见和亲身感受的并不一定可信，要了解一个人并不容易。

朱熹《城南唱和诗卷》（局部）

朱熹，南宋理学家、教育家，世称"朱子"。"擅行草，下笔即沉着典雅"。

《城南唱和诗卷》，行书。此卷书法笔墨精妙，萧散简远，笔意从容，灵活自然，无意求工，而点画波磔无一不合书家规矩。

乐在其中

子曰："饭疏食，饮水[①]，曲肱[②]而枕之[③]，乐亦在其中矣。不义而富且贵，于我如浮云。"

——《论语·述而》

中国传统书法

张即之《书杜诗卷》（局部）

张即之，宋代书法家，据《宋史》记载，张即之"以能书闻天下"。

《书杜诗卷》，楷书。此书雄厚挺拔，险劲清绝，起笔落墨沉着从容，运行稳健，老笔纵横；笔画抑扬顿挫，使转颇急，力透纸背。其字体不雕不琢，古雅遒劲，笔势飘逸潇洒，大气磅礴。

柳线任风搓 荷盘从雨洗

【注释】

①饭疏食，饮水：吃粗粮，喝冷水。水，古代常以"汤"和"水"对言，"汤"的意思是热水，"水"则是指冷水。饭，用作动词，吃。疏食，粗食。②肱（gōng）：手臂，胳膊。③枕之：枕在胳膊上。

【译文】

孔子说："吃粗粮，喝冷水，把胳膊弯曲垫着当枕头，乐趣也就在其中了。用不符合道义的手段得到的富裕与显贵，在我看来就好像天上的浮云一样。"

【拓展】

追求富贵本身并不是一件坏事，有时还可以激发人积极向上的动力。但是，如果追求的方法不正当，就容易沦为富贵的奴隶。孔子极力提倡"安贫乐道"，这也是儒家文化所追求的君子人格。君子人格具有重义轻利、固守穷困、自强不息等品质，在今天看来这些品质仍然具有积极的现实意义。我们应该学习古人，培养正确的价值观，不在衣食住行方面与别人攀比，而应专注于求学、做人。

【链接】

幸福的生命，在大体上，必须是宁静的生活。因为，唯有在宁静的气氛中，才能产生真正的欢乐。

——[英]罗素

此句出自《声律启蒙·五歌》。意思是：荷叶在雨中得到清洗，柳丝任由风儿吹动。

不知老之将至

叶公①问孔子于子路，子路不对。子曰："女②奚③不曰：'其为人也，发愤忘食，乐以忘忧，不知老之将至云尔。'"

——《论语·述而》

汉字艺术

继 繼

金文

小篆

隶书

行书

楷书

张即之《金刚般若波罗蜜经》
（局部）

《金刚般若波罗蜜经》，楷书，张即之晚年精品。该帖下笔简洁凝练，运笔坚实峻健，点画顾盼生情，结字俊秀而骨力遒劲，清爽不落俗套。帖中每个字都十分注意笔画中的变化，其笔画的粗细、伸缩舒展皆随机而作，却又不失法度。

【注释】

①叶公：楚国大夫，名诸梁，字子高。封地在叶，所以称为叶公。②女（rǔ）：通"汝"，你。③奚：为什么。

【译文】

叶公向子路询问孔子是一个什么样的人，子路不回答。孔子对子路说："你为什么不对他说：'他这个人啊，发愤用功便忘记吃饭，当有所获益就快乐得忘记忧愁，不知道衰老将要到来，如此而已。'"

【拓展】

此章是叶公询问孔子为人时，孔子的自述。这个时候，孔子周游列国，其道不行，屡经坎坷，正是困顿之际、忧愁之时，而孔子却依然发愤忘食、乐以忘忧。此时，孔子已63岁，不可谓不老，而孔子却云"不知老之将至"，可见其毕生的追求是何其崇高、坚定！

【链接】

我最害怕的莫过于闲散怠惰，没事可干，无所作为，官能陷于麻痹状态。身体闲置不用，精神就备感苦闷。

——［英］夏洛蒂·勃朗特

钓而不纲

子钓而不纲①，弋②不射宿③。

——《论语·述而》

吴琚《急足帖》（局部）

【注释】

①纲：渔网上的绳子。这里作动词用，指用大绳连接渔网横截流水捕鱼。②弋：带细绳的箭，这里指射箭。③宿：歇宿，栖息。这里指夜晚栖息于树上的鸟。

【译文】

孔子钓鱼，从不用大网拦河捕鱼；孔子射飞鸟，绝不射已归巢栖息的鸟。

【拓展】

若以渔网拦河捕鱼，不论大小，必然殃及群鱼；若射杀宿鸟，则是乘人之危。两者皆非修道君子之所为，乃乡野村夫贪图一时的口腹之快而已。儒家讲仁德，不仅对人，而且还包含了世间一切有生命的事物。只有尊重生命，尊重自然界的节气时令，才能实现人与自然和谐共处。

【链接】

当悲悯之心能够不只针对人类，而能扩大涵盖一切万物生命时，才能到达最恢宏深邃的人性光辉。

——[德]史怀哲

吴琚，南宋书法家。卫王吴益之子，世称"吴七郡王"。工楷、行、草书，字体类米芾。

《急足帖》，行书信札，风格颇似米芾，具有痛快流畅、峭拔顿挫的特点。

声律对仗欣赏

史才推永叔
刀笔仰萧何

庄子的快乐

庄子（约公元前369年—公元前286年），名周，字子休（一说子沐），被后人尊称为南华真人，战国时期著名的思想家、哲学家、文学家。

有一天，庄子在濮水边垂钓。

楚王派遣两位大臣先行前往致意，说："楚王愿将国内政事委托给您。"

庄子手把钓竿头也不回地说："我听说楚国有一只神龟，已经死了三千年了，楚王用竹箱装着它，用锦缎覆盖着它，珍藏在宗庙里。你们说，这只神龟是宁愿死去留下骨骸以显示尊贵呢，还是愿意拖着尾巴在泥水里活着呢？"

两位大臣说："宁愿拖着尾巴活在泥水里。"

庄子说："那么，你们请回吧！我还是愿意拖着尾巴生活在泥水里。"

庄子的快乐，不是享受荣华富贵，而是投身到广阔无边的天地中，过逍遥自在、闲散旷达的生活，这样的生活与自然同在，即使贫寒清苦，也丝毫不影响心中的快乐！

此句出自《声律启蒙·五歌》。意思是：修史撰书首推欧阳修，制定律法当学萧何。

君子之德风

季康子问政于孔子曰："如杀无道，以就①有道，何如？"孔子对曰："子为政，焉用杀？子欲善而民善矣。君子之德风，小人之德草，草上之风，必偃②。"

——《论语·颜渊》

汉字艺术

诲　小篆

诲　隶书

诲　行书

诲　楷书

赵孟頫《归去来兮辞卷》（局部）

赵孟頫，元代书法家、画家，吴兴人，人称"赵吴兴"，宋太祖赵匡胤十一世孙，"楷书四大家"之一。其书风遒媚秀逸、结体严整、笔法圆熟，世称"赵体"。

《归去来兮辞卷》，行草，以行书为主，间以草书，用笔圆劲遒媚，风神骀荡。

【注释】

①就：接近，维护。②草上之风，必偃：风吹在草上，草必随风倒下。上，一作"尚"。偃，倒下。

【译文】

季康子请教孔子为政之道，问道："如果以杀戮无道的方式来使国政清明，怎么样？"孔子答道："您治理政事，哪里用得着杀戮的手段呢？您愿意行善，民众就会行善。君子的德行如风，百姓的德行像草，风向哪边吹，草就向哪边倒。"

【拓展】

孔子主张以道德感化百姓，百姓自然顺从。以暴制暴未必能有好的效果。所以，想让人民向善，应当先从自身做起。在这里，孔子只阐述了他政治思想的一方面，孔子并不是一味地支持以德服人，而认为理政应"宽猛相济"，刚柔结合。这好比道德与法律，道德能感召人向善，而法律却可以惩罚无视道德约束的违法行为。

【链接】

君子扬人之善，小人讦人之恶。　　——〔唐〕魏徵

为政以德

子曰："为政以德，譬如北辰[①]，居其所而众星共[②]之。"

——《论语·为政》

赵孟頫《汲黯传》（局部）

【注释】

①北辰：指北极星。②共：通"拱"，环抱、环绕。

【译文】

孔子说："用道德来治理国政，（皇帝的位置）就好像北极星固定不动，而别的星辰都环绕着它一样。"

【拓展】

为政者以身作则，守正道，弘教育；施教者尊道贵德，化育人民，如此上下一心，以道德为基础，建立共识，形成价值标准，使每一个人都能自觉自发地守法守礼，践行道德，以此治国，何难之有！

【链接】

国君好仁，天下无敌焉。　　　——〔战国〕孟子

《汲黯传》，楷书。赵孟頫自称《汲黯传》得唐人遗风笔意，而清代冯源深评论："此书方峻，虽据欧体，其用笔之快利秀逸，仍从《画赞》《乐毅》诸书得来。"

39

先之，劳之

子路问政。子曰："先之^①，劳之。"请益^②。曰："无倦^③。"

——《论语·子路》

秋凉梧堕叶　春暖杏开花

此句出自《声律启蒙·六麻》。意思是：秋天转凉，梧桐就开始落叶；春季刚暖，杏树就早早开花。

【注释】

①先之：自己身先士卒，带头做。②益：更多些，更进一步。③无倦：不松懈，不倦怠。

【译文】

子路问孔子为政之道。孔子说："身先士卒，以身作则，然后让百姓们勤劳地工作。"子路请孔子再多讲一些。孔子说："不要倦怠。"

【拓展】

为政之首在"先之"，先用高标准、严要求自我规范约束，用道德礼仪教化民众，如此躬行实践必能感化臣民百姓，自然会有"不令而行""风过草偃"的效果。朱熹《论语集注》语："凡民之事，以身劳之。"这样不辞辛苦为民谋福利，自然能使百姓安泰、政通人和。

【链接】

历览前贤国与家，成由勤俭破由奢。

——〔唐〕李商隐

赦小过，举贤才

仲弓为季氏宰①，问政。子曰："先有司②，赦③小过，举贤才。"

——《论语·子路》

【注释】

①宰：家臣。②有司：职务代称。③赦：宽免。

【译文】

仲弓担任季氏的家臣，他问孔子为政之道。孔子说："在下属面前做出表率，原谅别人的小过失，选拔任用贤德有才能的人。"

【拓展】

有司是古代的一种官职，是宰之下各司其职的官吏。孔子认为，为政者必先在下级面前做出表率。"赦小过"，古注认为是赦免有司的小过错，也有人认为是赦免人民的小过错。在现代管理学上，这是"抓大放小、解决重点问题"的大智慧。

【链接】

用人如器，各取所长。 ——〔北宋〕司马光

汉字艺术

价 價

價 小篆

價 隶书

價 行书

價 楷书

欲速则不达

子夏为莒父^①宰，问政。子曰："无欲速，无见小利。欲速则不达，见小利则大事不成。"

——《论语·子路》

赵孟頫《仇锷墓碑铭》（局部）

《仇锷墓碑铭》，楷书，赵孟頫晚年力作。此书运笔方正有力，遒丽老健，一笔不苟，骨气深稳，与常见赵书妩媚甜润的风格有所不同，是其楷书代表作之一。

【注释】

①莒父（jǔ fǔ）：鲁国的一个地名。

【译文】

子夏担任莒父的长官，向孔子请教如何为政。孔子说："不要图快，不要只看见眼前的小利。求快反而达不到目的，只贪图眼前的小利就不能成就大事。"

【拓展】

"欲速则不达"是孔子的一句名言。在这里，孔子劝告子夏从政不要急功近利，不要贪图小利，否则做不成大事。任何事情都有自己的发展规律，不按规律行事，只为求快，定然大事难成。

【链接】

计利当计天下利，求名应求万世名。　　——于右任

故事

朱元璋讨元

朱元璋，明朝的开国皇帝，25岁时参加郭子兴领导的红巾军反抗元朝的暴政。

元至正二十七年（1367年），朱元璋决定全力北伐。他再三申明军纪，告诫出征将士：北伐不是攻城略地，而是推翻暴政、解除人民痛苦。随后，他还发布了由宋濂起草的告北方官吏和人民的檄文，文中提出"驱逐胡虏，恢复中华，立纲陈纪，救济斯民"的口号，这对中原地区的广大人民具有很强的号召力。

由于朱元璋赢得了民心而元朝失去了民心，所以北伐军节节胜利，迅速攻下山东诸路。至正二十八年（1368年）四月，北伐军占领开封，平定河南，同时攻克潼关。八月，北伐军攻克元朝首都大都（今北京）。元顺帝慌忙弃城逃走，奔向漠北，元朝的统治宣告终结。

中国传统书法

赵孟頫《秋兴赋》（局部）

《秋兴赋》，行书。此书运笔圆融，结体端秀，章法规整，蕴藉沉稳，深得晋人遗韵，笔意纵横，流利飞动，极具文人儒雅气质。

43

民无信不立

子贡问政。子曰："足食，足兵①，民信之矣。"子贡曰："必不得已而去②，于斯三者何先？"曰："去兵。"子贡曰："必不得已而去，于斯二者何先？"曰："去食。自古皆有死，民无信不立。"

——《论语·颜渊》

鹭立岸头沙

鱼游池面水

此句出自《声律启蒙·六麻》。意思是：鱼儿在池水中游动，鹭鸶在沙岸上站立。

【注释】

①兵：武器，兵器。这里指军备。②去：去掉，放弃。

【译文】

子贡问怎样治理政事。孔子说："粮食充足,军备充实,民众信任政府。"子贡又问："如果迫不得已去掉其中一项,在这三项中先去掉哪一项呢？"孔子说："去掉军备。"子贡又问："迫不得已再去掉一项,在这余下的两项中先去掉哪一项呢？"孔子说："去掉粮食。自古以来,人皆有一死,但人民不信任政府就不能立国。"

【拓展】

"足食，足兵，民信"是孔子认为的治理好一个国家应具备的三个条件，这也是现代所说的经济稳定、国防齐备、人民支持。此三者中，"信"是最重要的。只有人民支持、社会稳定，才能建立起有效的国防力量，所以孔子最先去掉"兵"，其次去掉"食"。只要政府取信于民，百姓自然能和国家共患难。

【链接】

诚者，天之道也；思诚者，人之道也。

——〔战国〕孟子

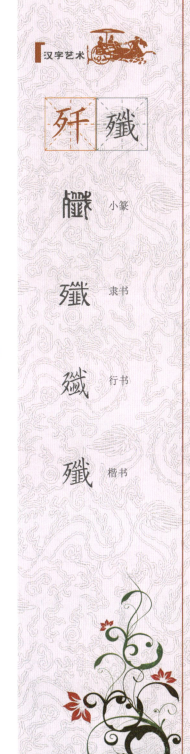

汉字艺术

殲 小篆

殲 隶书

殲 行书

殲 楷书

百姓足，君孰与不足

哀公问于有若曰："年饥①，用不足，如之何？"有若对曰："盍②彻③乎？"曰："二④，吾犹不足，如之何其彻也？"对曰："百姓足，君孰与不足？百姓不足，君孰与足？"

——《论语·颜渊》

鲜于枢《论草书帖》（局部）

鲜于枢，元代书法家，与赵孟頫并称为"二妙"。擅行草，骨力劲健，真力饱满，行笔潇洒自然。

《论草书帖》是鲜于枢的草书代表作，该帖不计较点画的精到，纵情挥洒，笔势连贯舒展，牵连转折分明，结体方阔而奇态横生，气势雄伟跌宕，富有节奏感。

【注释】

①年饥：收成不好。②盍：何不。③彻：周代"十分抽一"的田税制度。④二：指抽取十分之二的税。

【译文】

鲁哀公问有若："年成不好，国用不足，怎么办呢？"有若答道："何不实行十分抽一的田税制度呢？"哀公说："十成取二成尚且不够，怎么能十成只取一成呢？"有若答道："百姓富足了，国君怎么会不富足？百姓都不富足，国君又怎么会富足呢？"

【拓展】

这是儒家"藏富于民"的经济思想。孔子和他的学生有若倡导轻徭薄赋的仁政，反对横征暴敛的暴政，主张实施减轻百姓负担的经济措施。

【链接】

民为贵，社稷次之，君为轻。 ——〔战国〕孟子

鲜于枢《次韵仇仁父晚秋杂兴》（局部）

《次韵仇仁父晚秋杂兴》，行书。此帖笔法纵逸，略见苍疏，是鲜于枢晚年佳作。

居之无倦，行之以忠

子张问政。子曰："居之无倦，行之以忠。"

——《论语·颜渊》

【译文】

子张问为政之道。孔子说："身在其位不能厌倦懈怠，执行政令一定要尽心竭力。"

【拓展】

此章讲的是孔子关于为官理政的观点：各级官员都要勤政为民，忠于职守而不懈怠。"居之无倦，行之以忠"是孔子提出的为政准则，也就是现在所说的职业道德，即当代社会主义核心价值观中的"敬业"。

【链接】

横眉冷对千夫指，俯首甘为孺子牛。 —— 鲁迅

设桥偏送笋
开道竟还瓜

此句出自《声律启蒙·六麻》。意思是：范元琰为偷笋的人搭桥，结果小偷把笋又送了回来；桑虞为偷瓜的人开辟道路，使得小偷把瓜还了回来。

修文德以来之

丘也闻有国有家者，不患贫而患不均，不患寡而患不安。盖均无贫，和无寡，安无倾。夫如是，故远人不服，则修文德以来之。既来之，则安之。

——《论语·季氏》

汉字艺术

贰　贰

金文

小篆

隶书

行书

楷书

倪瓒《淡室诗》（局部）

倪瓒，元代画家、书法家和诗人。

《淡室诗》，行楷，是倪瓒为友人题写的一首七律，其章法纵横有序，结体平稳工整，字形大小均匀，点画质朴遒劲，收笔顿挫有力。

【译文】

我曾听说，无论是诸侯还是大夫，不必担忧贫穷而应忧虑财富分配不均，不必担忧人少而应担忧国家不安定。因为平均了便没有贫困，和谐了便不会觉得人少，（国家）安定了就没有倾覆（的祸患）。如果能做到这样，远方的人还不归顺，就实施礼乐文教，实行德政，使远方的人听闻你清明的政治而来归顺。既然他们来了，就要让他们过上安宁的生活。

【拓展】

这段话表现了孔子以礼治国、以德服人的治国理念。在孔子看来，德政才能招揽远方之民，并使之心悦诚服；国家贫穷或人口稀少都不要紧，怕的是贫富不均、人民生活不安定。孔子主张的是稳定发展、和平相处的国家发展策略，至今仍有积极的现实意义。

【链接】

亲善产生幸福，文明带来和谐。　　——[法]雨果

患得患失

子曰："鄙夫①可与事君也与哉？其未得之也，患②得之。既得之，患失之。苟患失之，无所不至矣。"

——《论语·阳货》

中国传统书法

康里巙巙《奉记帖》（局部）

康里巙巙，少数民族，从小接受了良好的汉文化教育，博览群书，书法妙绝，是元代杰出的书法家。

《奉记帖》，行书信札，行笔疾速但书风稳健，运笔飘逸灵动，结体圆转劲媚，独具神韵。

三径菊花黄　一堤杨柳绿

此句出自《声律启蒙·七阳》。意思是：堤岸上的杨柳开始长出绿叶，庭院里的秋菊已经开出黄花。

【注释】

①鄙夫：指品德庸俗、贪图名利之人。②患：害怕。

【译文】

孔子说："一个鄙俗的人，可以和他共同侍奉国君吗？他在尚未得到名利时担忧得不到，已经得到了又害怕失去。倘若担忧自己会失去名利，那就什么事都做得出来了。"

【拓展】

"事君"原指侍奉君主，如今应该理解为担任国家公职，为国效力。孔子认为，知识浅薄、品行不端的人不应当为官。因为这种人在无官位时处心积虑想得到官位，而一旦为官，为贪图私利便会"无所不至"，对国家、对人民有百害而无一利。现代社会，随着生活节奏加快，竞争加剧，患得患失的人越来越多。其实，过于患得患失并不能真正多得到什么，这就像握在手里的沙子，你越想抓紧，手里的沙子就会流失得越快。

【链接】

人生由来不满百，安得朝夕事隐忧。

——〔明〕于谦

住草屋的部落首领

尧是我国古代部落联盟的首领之一。他很会治理天下，整天戴着草帽、穿着草鞋，和大家一起干活儿，将社会治理得井井有条。

尧以身作则，生活过得很简朴。身为首领，他应该有自己的宫殿，过富足的生活，但尧一家人却住着一间普通的草屋，和别的老百姓没有一点儿差别。他对大家的生活非常关心，总是扶贫济困，和百姓共渡难关。

一天，尧领导的几个小部落的首领前来拜访。他将首领们邀请到自己的草屋，让大家席地而坐，用土碗盛着野菜汤招待大家，饶有兴致地和大家谈着治理天下的事。各部落的首领从尧那里受到教育，纷纷像尧一样和老百姓同甘共苦，使大家逐渐过上了好日子。

汉字艺术

隶

金文

小篆

隶书

行书

楷书

礼之本

康里巎巎《李白古风诗卷》（局部）

林放①问礼之本。子曰："大哉问②！礼，与其奢③也，宁俭；丧，与其易④也，宁戚⑤。"

——《论语·八佾》

【注释】

①林放：鲁国人，孔子的弟子。②大哉问：犹言"问得很好"。大，美。③奢：奢侈。这里指讲究排场，铺张浪费。④易：弛，铺张。⑤戚：哀戚，悲哀。

【译文】

林放问礼的本质。孔子说："你问的问题意义重大啊！礼，与其奢侈铺张，宁可朴素简约；就丧礼来说，与其在形式上大操大办，不如一切从简而内心真正悲伤。"

【拓展】

孔子认为，礼的本质不在于外在的形式，而在于蕴藏在内心的恭敬诚笃，此谓礼之本。有感于心，行之于外。与其追求外在的形式，不如注重实实在在的内容，否则便可能舍本逐末了。生活中许多事亦同此理。

【链接】

夫君子之行，静以修身，俭以养德，非淡泊无以明志，非宁静无以致远。

——〔三国·蜀〕诸葛亮

中国传统书法

《李白古风诗卷》，草书。此书融章草、行草为一体，结体以章草为基调而纵长取势，用笔凌厉豪迈，点画起止处如斩钉截铁，圆曲盘旋处如钢丝屈铁。通篇节奏鲜明，跌宕起伏，明代解缙评其书曰："如雄剑倚天，长虹驾海。"

贫而乐，富有礼

子贡曰："贫而无谄①，富而无骄，何如②？"子曰："可也；未若③贫而乐④，富而好礼者也。"

——《论语·学而》

杨维桢《七绝诗轴》（局部）

【注释】

①谄：谄媚，奉承巴结。②何如：怎么样。③未若：不如，不及。④贫而乐：皇侃本"乐"下有"道"字。郑玄《论语注》云："乐谓志于道，不以贫为忧苦。"

【译文】

子贡问道："贫穷却不巴结奉承，富贵却不骄奢淫逸，这样的人怎么样？"孔子说："可以了。但是，不如那些贫穷却乐于坚守道义、富贵而崇尚礼义的人。"

【拓展】

人虽无贵贱之分，但有贫富之别。人无所安，则无所成就。君子当自强，处富贵不宜骄傲，居贫贱不失尊严。即使处在极端的困苦中，也当志向高远，绝不沉沦。

【链接】

贫穷不会磨灭一个人高贵的品质，反而是富贵叫人丧失了志气。
——[意]薄伽丘

杨维桢，元末书法家，擅楷、行、草书。

据传，其父在铁崖山麓筑楼，植梅万株，藏书万卷，令杨维桢在此读书，并将梯子撤去，以辘轳传食。杨维桢在楼中苦读数载，故以"铁崖"为号，人称"杨铁崖"。

每事问

子入太庙，每事问。或曰："孰谓鄹人之子①知礼乎？入太庙，每事问。"子闻之，曰："是②礼也。"

——《论语·八佾》

暖烟香霭霭

寒烛影煌煌

此句出自《声律启蒙·七阳》。意思是：香炉里散逸出的烟气四处弥漫，寒夜里蜡烛散发出的光影明亮辉耀。

【注释】

①鄹（zōu）人之子：指孔子。鄹，鲁国小邑，在今山东曲阜东南。②是：代词，指"每事问"这件事。

【译文】

孔子到太庙里去，每件事都要问一问。有人就说："谁说孔子这个人懂得礼呢？他到了太庙，每件事都要发问。"孔子听到这话，说："这正是礼节啊。"

【拓展】

"每事问"不仅表现了孔子十分敬谨于礼的态度，同时也表现了孔子"重闻见"的观点，充分体现了孔子虚心好学、勤学好问的学风，并能身体力行。这种谦虚好学的精神是从古至今真正做学问者必备的素质。

【链接】

发明千千万，起点是一问。禽兽不如人，过在不会问。智者问得巧，愚者问得笨。人力胜天工，只在每事问。

——陶行知

帘 簾

簾 小篆

簾 隶书

簾 行书

簾 楷书

好礼，好义，好信

上好礼，则民莫敢不敬；上好义，则民莫敢不服；上好信，则民莫敢不用情。夫如是，则四方之民襁[①]负其子而至矣。

——《论语·子路》

杨维桢《晚节堂诗札》（局部）

《晚节堂诗札》，草书。此书下笔力透纸背，纵横崎岖的结体，迅速狂放的用笔，折射出书家豪放不羁的性格。

【注释】

①襁（qiǎng）：背婴儿用的宽带子或布兜。

【译文】

执政者如果注重礼，那么百姓没有人敢不恭敬；执政者如果崇尚道义，那么百姓没有人敢不服从；执政者如果讲求诚实守信，那么百姓没有人敢不诚实。要是真能做到这些，那么四面八方的百姓就会拖儿带女前来投奔了。

【拓展】

儒家认为，治人者必须是"为人师表者"。领导者的思想和行为应该对民众起表率的作用。孔子强调"上者，民之表也"，上正则下正，上不正则下歪。孔子认为，如果为政者"好礼""好义""好信"，则天下的百姓都会来归顺。

【链接】

教诲是条漫长的道路，榜样是条捷径。

—— [古罗马]塞涅卡

中国传统书法

祝允明《云江记》（局部）

祝允明，明代书法家、诗人，因右手多生一指，自号"枝山"，曾任南京应天府通判，因此有"祝京兆"之称。他与唐寅、文徵明、徐祯卿并称"吴中四才子"。

祝允明的小楷和大草最为世人所重。他的草书师法李邕、黄庭坚、米芾，功力深厚，风骨烂漫。

徙木立信

秋月十分明

寒冰三尺厚

此句出自《声律启蒙·八庚》。意思是：冬天的冰有三尺厚，秋天的月亮十分明亮。

　　商鞅，卫国人，原名公孙鞅，官至左庶长。秦孝公在位时，商鞅力主实施变法图强政策。相传，新法条令拟定后，孝公担心天下人不信服。于是，商鞅让人在栎阳城（战国初期秦国的国都）南门竖起一根三丈高的木杆。木杆上挂着一块告示牌：将此木搬到北门口者，赏十金。过往的行人都好奇地停下来观看。大家议论纷纷，可是谁也不相信真有这回事儿。到了中午，围观的人渐渐少了，高高的木杆还是直挺挺地耸立在南门口。下午，告示牌上的"赏十金"改成了"赏五十金"。人们不禁又开始七嘴八舌地议论起来，就是没有人来搬动。

　　这时，有一个三十多岁的壮汉走过来。他看到后，便自言自语地说："搬一下就给五十金，嘻嘻，我来扛。"那大汉毫不费力地就把木杆扛在肩上，抬脚就往北门走。周围看热闹的人也都好奇地跟了过去。不一会儿，就到了北门。那大汉把木杆放下，守门的小吏立刻走上前递给他五十金。人们见到此情景，都惊讶极了。于是，这件事就像一阵风一样在秦国传开了，说商鞅"信守承诺，说到做到"。因为取得了百姓的信任，秦国随后颁布的新法得以顺利推行。

　　王安石曾有诗评曰："自古驱民在信诚，一言为重百金轻。今人未可非商鞅，商君能令政必行。"

第二十五课

学而时习之

子曰："学而时①习②之，不亦说③乎？有朋自远方来，不亦乐乎？人不知而不愠④，不亦君子乎？"

——《论语·学而》

汉字艺术

钩 鈎

鈎 小篆

鈎 隶书

鈎 行书

鈎 楷书

【注释】

①时：朱熹注为"时常"。②习：实践。③说（yuè）：通"悦"，高兴。④愠（yùn）：怨恨，生气。

【译文】

孔子说："学习了以后还要时常去实践，不也很愉悦吗？有朋友从远方来访，不也很快乐吗？别人不知道、不了解自己，既不生气也不怨恨，不也是君子吗？"

【拓展】

学无止境，人不可一日无学。学可以立德，学可以增智，学可以致用。非学无以广才，非学无以养德。

【链接】

一个人如能让自己经常维持像孩子一般纯洁的心灵，用乐观的心情做事，用善良的心肠待人，光明坦白，他的人生一定比别人快乐得多。 ——[法]罗曼·罗兰

敏于事而慎于言

子曰："君子食无求饱，居无求安，敏于事而慎于言，就有道而正焉，可谓好学也已。"

——《论语·学而》

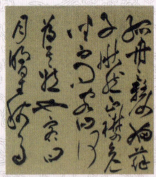

祝允明《前后赤壁赋》（局部）

《前后赤壁赋》，草书。此书纵横开阖，恣肆纵逸，有意泯去张旭、怀素的萦回牵连，摒弃黄庭坚的长枪大戟，又将波磔浓缩为千变万化的"点"，进而在纵情挥洒中获得雄肆奇崛的效果，堪称草书发展史上里程碑式的杰作。

【译文】

孔子说："君子不追求吃得好、住得安逸，而应做事敏捷，言谈谨慎，接近那些有道德学问的人，用他们的美德来匡正自己的过失，这样做可以说是好学了。"

【拓展】

孔子认为：生活不要太奢侈，尤其在艰难困苦中，不要有过分、奢侈的要求。这与《论语·乡党》中孔子自己的生活态度、做人标准是一致的，即不追求物质生活的享受，而重视精神境界的提升。德行的养成在于自我节制。享乐是消磨人意志的毒药，若放纵嗜欲，必将陷于贪婪。

【链接】

每个人都有一定的理想，这种理想决定着他的努力和判断的方向。就在这个意义上，我从来不把安逸和快乐看作生活目的的本身——这种伦理基础，我叫它猪栏的理想。

——[美]爱因斯坦

学而不厌，诲人不倦

子曰："默而识①之，学而不厌②，诲③人不倦④，何有于我哉？"

——《论语·述而》

中国传统书法

文徵明《草堂十志》（局部）

文徵明，明代书法家，以兼擅诸体闻名，尤擅行书和小楷。

《草堂十志》，小楷，字迹清秀，婀娜多姿，是文徵明传世之作中的精品。

柳内几黄莺

花间双粉蝶

【注释】

①识（zhì）：记住。②厌：满足。③诲：教诲，教育。④倦：倦怠。

【译文】

孔子说："默默地记住所学的知识，努力学习而不知满足，教诲别人而不知疲倦，这些事情我做到了哪些呢？"

【拓展】

孔子在这里讲到了"默而识之，学而不厌"的学习态度，看似容易，做起来却非常难。学习是一个日积月累的过程，也是一个需要静下心来默默坚持的过程。有的人越学越有兴趣，可是有的人越学越感到厌倦。这是为什么呢？其实原因很简单，只要对学习产生了兴趣，就会专心致志地钻研它，不会感到厌倦，甚至会忘记了时间的流逝。所以，在静心之外要做到学而不厌的关键，是培养自己学习的兴趣。

【链接】

教师进行劳动和创造的时间好比一条大河，要靠许多小的溪流来滋养它。教师时常要读书，平时积累的知识越多，上课就越轻松。　　——[苏]苏霍姆林斯基

此句出自《声律启蒙·八庚》。意思是：花间有成对的粉蝶，柳树里藏着几只黄莺。

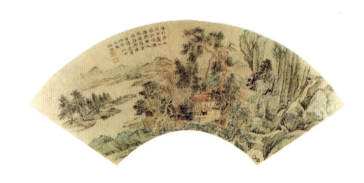

敏以求之

子曰："我非生而知之者，好古①，敏②以求之者也。"

——《论语·述而》

【注释】

①古：古代文化，指礼乐制度等。②敏：勤勉，努力。

【译文】

孔子说："我并不是生来就有知识的人，只是爱好古代文化，靠勤勉学习而获取知识。"

【拓展】

孟子说："夫子之学，集大成者也。"孔子渊博的学问从哪里来？从好古而来。孔子有意识地、自觉地、孜孜不倦地学习、吸收历代文化和历代圣王的智慧，所以孔子成为那个时代最博学的人。很多人都认为孔子是生来就知道很多事情的，所以孔子才有此言。孔子的求学、成才之路也为我们指明了治学的道路。

【链接】

涓滴之水终可磨损大石，不是由于它力量大，而是由于昼夜不舍的滴坠。只有勤奋不懈地努力，才能够获得那些技巧。

——[德]贝多芬

学 如 不 及

子曰："学如不及，犹恐失之。"

——《论语·泰伯》

文徵明《离骚》（局部）

【译文】

孔子说："学习时一方面怕自己不能完全掌握要学的东西，一方面又担心自己把已经学到的忘记了。"

【拓展】

学问无穷，君子孜孜不倦，唯恐自己不能领会获得。而一旦获得了知识，又怕过了些时日，生疏淡忘，得而复失。这是一种如履薄冰、小心谨慎的学习态度。"学习如逆水行舟，不进则退"，只有勤奋学习，不断地接触新的知识，"活到老，学到老"，才能真正学有所成。

【链接】

我的努力求学没有得到别的好处，只不过是愈来愈发觉自己的无知。

——[法]笛卡儿

《离骚》，行书，文徵明晚年作品。该帖遒劲流畅，一气呵成，精妙娴雅，流畅之至，毫无疲倦之意，令人赞叹。

孔子一生乐学

孔子的一生是好学的一生，是学中求乐的一生。

孔子3岁丧父，母亲带着他，过着贫穷的生活。孔子六七岁时，母亲就教他学习各种礼节。15岁时，孔子立志要多读书，做个有学问的人。不幸在他17岁那年，母亲也去世了，孔子没有钱读书，只好做些杂事，像管菜园、看管牛群、管理账务，他都做过。他做什么事都很认真，他照管的牛长得很肥壮，他管的账没有一点儿差错。他十分谦虚好问，大家也乐意告诉他一些新知识。

孔子30岁以后，还曾向鲁国音乐大师师襄学琴。当他能熟练地演奏一首曲子时，师襄便让他学另一首曲子，可是孔子认为自己还不能悟出作曲者的形象，便继续练习同一首曲子。终于有一天，他跑到师襄面前兴奋地说："老师！我已经从曲子中感受到作曲者的形象了：他高高的个子，黑黑的面庞，目光深邃，若有所思地眺望远方，处处显示着他宽广的胸怀。我想，除了周文王，这个人还会是谁呢？"师襄大为惊讶地站起身来，向孔子连连作揖说："说得对极了！我的老师曾说这曲子正是叫《文王操》！"

"学而时习之，不亦说乎？"孔子无论学什么都是那么专心致志，乐在其中。

文徵明《草书七绝诗轴》（局部）

《草书七绝诗轴》章法错落有致，挺拔苍劲。此书多用中锋，笔势屈曲环绕，线条清瘦明朗，结体疏放空灵，奔放流畅。

声律对仗欣赏

一轮秋夜月

几点晓天星

此句出自《声律启蒙·九青》。意思是：一轮明月挂在秋天的夜空，几颗星星映在黎明的天空。

入则孝，出则悌

子曰："弟子入则孝，出则悌，谨而信，泛爱众，而亲仁。行有余力，则以学文。"

——《论语·学而》

【译文】

孔子说："弟子们居家要孝顺父母，在外要尊敬、关爱兄长，言行谨慎而讲诚信，对人要有爱心，亲近有道德的人。这些都做到以后，如果还有剩余精力，再致力于学习文化知识。"

【拓展】

人的品德修养体现在日常生活的细节中。孝敬父母，关爱兄弟，既是做人的根本，也是品德修养的基础。如果不能孝养其亲又如何能敬重他人？不孝不悌之人即使学问再高，也难以被重用。

【链接】

你要尽其所能把你的家庭造成一个生活中心，在这里面，一切良好的事物会被抚育培养起来；在这里面，你的忠诚、热望、同情，以及整个你生命中高贵的东西，会被发扬光大起来。

——[美]阿瑟·米勒

不迁怒，不贰过

哀公问："弟子孰为好学？"孔子对曰："有颜回者好学，不迁怒[①]，不贰过[②]。不幸短命死矣，今也则亡[③]，未闻好学者也。"

——《论语·雍也》

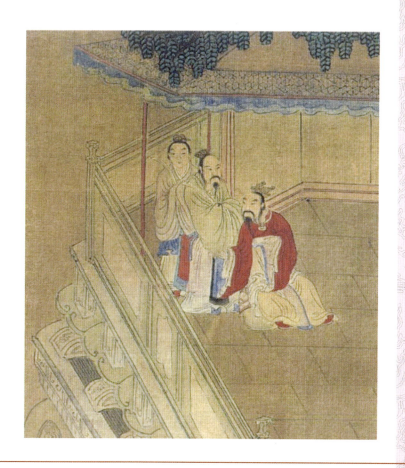

汉字艺术

劇

劇　小篆

劇　隶书

劇　行书

劇　楷书

文徵明《归去来兮辞》（局部）

《归去来兮辞》，小楷，文徵明晚年作品。此书是抄录陶渊明名作《归去来兮辞》。

文徵明小楷大致有两种风格：一是师法欧阳询，结体修长；二是师法王羲之，飘逸清健。此帖笔法虽出自王羲之，但结体明显受欧体的影响，行笔修长俊逸，饱满潇洒。

【注释】

①迁怒：把怒气转移到不相干的人身上。②贰过：重复犯同样的过失。贰，重复。③亡（wú）：通"无"，没有。

【译文】

鲁哀公问："您的学生当中，谁是最好学的？"孔子回答说："弟子中有个叫颜回的最好学，他不把怒气转移到别人身上，不重复犯同样的错误。不幸他短命死了！现在没有这样的人了，我没有听说有好学的人了。"

【拓展】

颜回是孔子的得意门生，他的好学曾得到孔子的多次赞扬。从表面看，"不迁怒""不贰过"似乎与"好学"不相干，其实，这种修养与优点的养成，是与勤奋好学分不开的。学习能够知礼明事、陶冶情操、提高涵养。与人为善，深于内省，正是平时好学的结果。

【链接】

一个人必须把他的全部力量用于努力改善自身，而不能把他的力量浪费在任何别的事情上。

——[俄]列夫·托尔斯泰

兴于诗，立于礼，成于乐

子曰："兴①于诗，立②于礼，成③于乐。"

——《论语·泰伯》

王宠《送陈子龄会试三首》（局部）

王宠，明代书法家，博学多才，工篆刻，擅山水，尤以书法名噪一时。

《送陈子龄会试三首》，楷书。此作极尽涩拙之态，每一笔画均似在牵掣中运行，绝无流动率意之痕，结构亦不求平整，看似散漫不经，实寓险绝之势，而又略带行书笔法，是作者小楷的代表之作。

渚莲千朵白

岸柳两行青

此句出自《声律启蒙·九青》。意思是：水中开着许多洁白的莲花，岸上种着两行碧绿的柳树。

【注释】

①兴：兴起，鼓舞之意。诗本性情之作，吟咏之间易感动人、影响人，故能熏陶人之真、善、美的情操。②立：指自立。礼以恭敬逊让为本，故学礼可使行为合宜。③成：养成。乐之声律歌舞，可陶冶人的性情，使人养成完美的人格。

【译文】

孔子说："用诗激发情感、激励意志，用礼规范行为、立足社会，用乐陶冶性情、完善人格修养。"

【拓展】

此章可见儒家重视诗、礼、乐对人的教化作用。诗歌能寄托人的情感、激励人的意志。礼仪能规范人的行为，是人在社会中立足的基础，孔子曾说"不知礼，无以立"。音乐则能陶冶人的情操，在艺术中涤荡净化人的灵魂。浸染于礼乐教化之中，培养出来的必是文采斐然、文质彬彬、活泼风趣的谦谦君子。

【链接】

礼仪的目的与作用本在使得本来的顽梗变柔顺，使人们的气质变温和，使他尊重别人，和别人合得来。

——［英］约翰·洛克

温故而知新

子曰："温故而知新，可以为师矣。"

——《论语·为政》

【译文】

孔子说："温习已经学过的知识，能有新的体会和认识，这样就可以做老师了。"

【拓展】

前事不忘，后事之师。任何历史事件的发生、发展，都是一定历史进程的产物，都可以在历史中找到相似的踪迹。所以，师法历史可以把握历史发展的脉络，进而对现实问题的解决做出正确的应对，并提出新的思路。

【链接】

回忆能够净化一个人的灵魂。 ——季羡林

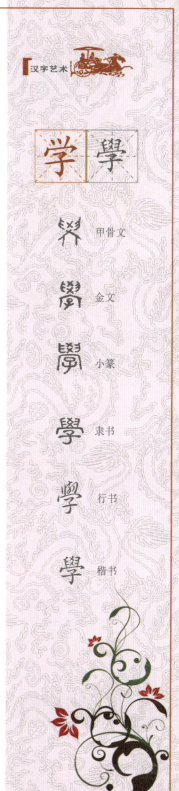

汉字艺术

学 学

甲骨文

金文

小篆

隶书

行书

楷书

学与思

子曰："学而不思则罔①，思而不学则殆②。"

——《论语·为政》

董其昌《草书扇面》

【注释】

①罔：迷惘无所得。②殆：《论语》中的"殆"有两个意思，一作"疑惑"解，二作"危险"解。这里取"疑惑"之解。

【译文】

孔子说："只读书而不深入思考，就会迷惑而无所得；光思考而不读书学习，就会疑惑不解。"

【拓展】

学与思是相辅相成、辩证统一的关系。学而不思，那只是生硬、被动地接受知识，往往会变成知识的奴隶；而一味地苦思冥想，不去切实地学习积累，最终只能是沙上建塔，一无所得。只有把学习和思考结合起来，才能触类旁通，学有所得。

【链接】

书读得越多而不假思索，你就会觉得你知道得很多。可是，当你读书而思考得很多的时候，你就会清楚地看到你知道得还很少。

——[法]伏尔泰

董其昌，明代书画家。其书法以行、草造诣最高。此草书扇面写得激越跌宕，技法娴熟。

李时珍的虚心好问与实践精神

李时珍（1518年—1593年），字东璧，号濒湖山人，湖北蕲州（今湖北省蕲春）人，其父李言闻是当地名医。李时珍继承家学，尤其重视本草，并富有实践精神。

南朝药学家陶弘景说穿山甲是水陆两栖动物，白天爬上岩来，张开鳞甲，装出死了的样子，引诱蚂蚁进入甲内，再闭上鳞甲，潜入水中，然后开甲让蚂蚁浮出，再吞食。为了了解陶弘景的说法是否正确，李时珍亲自上山去观察。在樵夫、猎人的帮助下，他终于捉到了一只穿山甲。他从穿山甲的胃里取出了许多蚂蚁，证实了穿山甲食蚁这一点。在观察过程中，李时珍还发现穿山甲食蚁时是扒开蚁穴进行舔食，而不是诱蚁入甲，下水吞食。李时珍通过自己的实践肯定了陶弘景正确的一面，并纠正了其错误的地方。

正是由于具有这种实践精神，所以李时珍才能写成流传千古的《本草纲目》。

中国传统书法

董其昌《岳阳楼记》（局部）

《岳阳楼记》，行书。董其昌的行书得力于晋唐及宋代诸家，此帖体势取米芾的侧攲，布局有杨凝式的疏朗，用笔颇似颜真卿的率真，流畅劲健，风华十足。

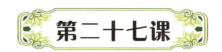

声律对仗欣赏

春泮水池冰　寒堆阴岭雪

有教无类

子曰："有教无类。"

——《论语·卫灵公》

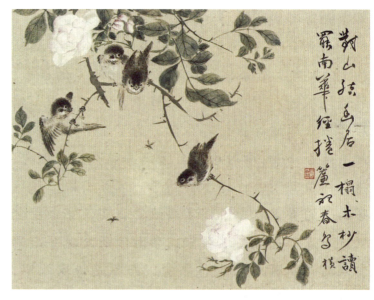

【译文】

　　孔子说："对所有的人给予教育，不论对象。"

【拓展】

　　这段话表达了孔子对教育的基本主张。孔子认为，不论贫富、贵贱、贤愚，人人都有受教育的权利。

【链接】

　　世界上没有才能的人是没有的。问题在于教育者要去发现每一位学生的禀赋、兴趣、爱好和特长，为他们的表现和发展提供充分的条件和正确引导。

——［苏］苏霍姆林斯基

　　此句出自《声律启蒙·十蒸》。意思是：冬天山岭的北面堆满雪，春天池塘的浮冰渐渐融化。

不愤不启，不悱不发

子曰：“不愤①不启②，不悱③不发④。举一隅⑤不以三隅反⑥，则不复⑦也。”

——《论语·述而》

77

傅山《草书孟浩然诗》（局部）

傅山，清初著名学者，擅医术，尤以书法名噪一时。他的书法理论对后世影响颇大，曾提出著名的"四宁四毋"说。

《草书孟浩然诗》，书法纵逸奇宕，用笔圆润，古拙雄健，字与字间不相连属，结字敧正相间，但笔意相连不断，沉稳中不乏灵动，率意中不乏秀逸。

【注释】

①愤：思考问题时苦思不得其解的样子。②启：启发，开导。③悱（fěi）：想说而说不出的样子。④发：开发，启发。⑤隅：事物的部分或片面。⑥反：即相互反复类推。⑦复：再次、重复教导。

【译文】

孔子说："教导学生，不到他想求通达而难以实现的时候，不去开导他；不到他想表达却又无法表达的时候，不去启发他。教给他一个方面的内容，而他不能推及其他几个方面，就不要再反复教他了。"

【拓展】

"不愤不启，不悱不发"，是一种注重学生自主学习的教育方法，激发学生的学习积极性，培养学生独立思考的能力。教师的作用是引导学生思考，在适当的时候，也就是"愤""悱"的时候，给予恰到好处的点拨。孔子这种举一反三、触类旁通的教学方法，往往能达到事半功倍的效果。孟子曾说："欲其自得之。"这"自得之"就是举一反三的教育。

【链接】

教育不能创造什么，但它能启发儿童创造力以从事于创造工作。
——陶行知

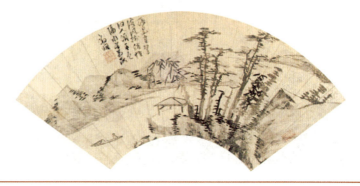

循循善诱

颜渊喟然①叹曰："仰之②弥高，钻之弥坚。瞻之在前，忽焉在后。夫子循循然③善诱人，博我以文，约我以礼，欲罢不能。既竭吾才，如有所立卓尔④。虽欲从之，末⑤由也已。"

——《论语·子罕》

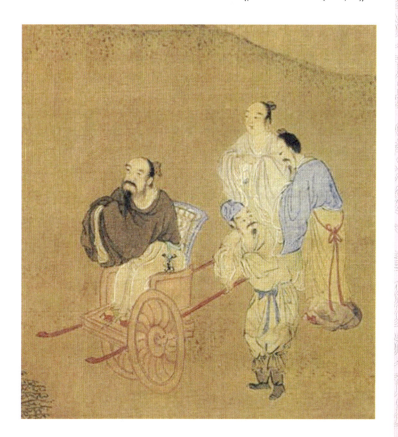

中国传统书法

傅山《心经》（局部）

《心经》，小楷，结字呈攲侧之势，点画疏朗，意趣高古醇厚，可视为成功实践了傅山自己的"宁拙毋巧、宁丑毋媚、宁支离毋轻滑、宁直率毋安排"理论的杰作。

鸟寒惊夜月
鱼暖上春冰

【注释】

①喟（kuì）然：感叹的样子。②之：指孔子之道。③循循然：有次序的样子。④如有所立卓尔：旧注谓其有所立，又卓然不可及。卓尔，高峻的样子。⑤末：无。

【译文】

颜渊感叹道："（老师之道）越抬头仰视，越觉其高，越用力钻研，越觉其深。望过去似乎它在前面，忽然又觉得它在后面。老师善于一步步引导我们，用文化典籍来丰富我们的知识，用礼仪制度来约束我们的行为，想停止前进都不可能。我已经竭尽所有的才能，大道似乎卓然在前。虽然想追随它，但却不知从何入手了。"

【拓展】

孔子根据受教育者的思想、品格而施教，不勉强人，不压制人，不埋没人，把门打开给受教育者看，诱导他进去。用什么诱导呢？孔子的办法是"博我以文，约我以礼"。

【链接】

古今之成大事业、大学问者，必经过三种之境界："昨夜西风凋碧树。独上高楼，望尽天涯路"，此第一境也；"衣带渐宽终不悔，为伊消得人憔悴"，此第二境也；"众里寻他千百度，蓦然回首，那人却在，灯火阑珊处"，此第三境也。

——王国维

此句出自《声律启蒙·十蒸》。意思是：冬夜寒冷，宿鸟惊动了月色；春日和暖，鱼儿跃出河面的薄冰。

爱之，能勿劳乎

子曰："爱之，能勿劳乎？忠焉，能勿诲乎？"

——《论语·宪问》

汉字艺术

饥 饑

饑 小篆

饑 隶书

饑 行书

饑 楷书

【译文】

孔子说："爱他，怎能不让他经受劳苦的磨砺呢？忠于他，怎能不用正道来规劝、教诲他呢？"

【拓展】

勤劳是一个人的重要品德，并且是其他诸多品德的基础。一个懒惰的人很难成为一个优秀的人。真正懂得如何爱孩子的人，必劳其筋骨，在辛勤劳作中教给孩子做人的道理。人生的艰难困苦，其实是最好的老师，经受苦难的磨炼，可以培养孩子应对生活中各种变故的能力，有助于孩子的成长。

【链接】

逆境给人宝贵的磨炼机会。只有经得起环境考验的人，才能算是真正的强者。自古以来的伟人，大多是抱着不屈不挠的精神，从逆境中挣扎奋斗过来的。

——[日]松下幸之助

苦难对于天才是一块垫脚石，对于能干的人是一笔财富，对于弱者是一个万丈深渊。　　——[法]巴尔扎克

进之与退之

子曰："求也退①，故进之；由也兼人②，故退之。"

——《论语·先进》

朱耷《送李愿归盘谷序轴》
（局部）

朱耷，字雪个，号八大山人，明末清初书画家，但其书法为其画名所掩。黄宾虹称其"书一画二"。朱耷对篆、隶、楷、行、草各种书体均有涉猎，但独立的书法作品极少，其书法作品多为绘画题款和诗画题跋。

【注释】

①退：退缩不前。②兼人：超人，一人可抵多人。指勇于作为。

【译文】

孔子说："冉求谦让退缩，所以我激励他进取；子路太过勇猛激进，所以我让他凡事谦退一点儿。"

【拓展】

孔子主张"因材施教"，刚勇的人要稍加抑制，而懦弱的人则要多加鼓励。每个人都有不同的个性，所以教诲学生时，要按照学生不同的性格特点，采取不同的方法。"因材施教"是孔子教育思想的一个闪光点。

【链接】

培养教育人和种花木一样，首先要认识花木的特点，区别不同情况给以施肥、浇水和培养教育，这叫"因材施教"。

——陶行知

朱耷《个山小像》（局部）

《个山小像》，朱耷晚年作品，其题跋包括篆、隶、楷、行及章草等不同风格的书体，充分展示了他的书法才能。

声律对仗欣赏

人泛木兰舟

客乘金络马

此句出自《声律启蒙·十一尤》。意思是：客人骑着装饰华丽的马，游人摇荡着木兰树制成的船。

少年苦读的欧阳修

欧阳修是我国北宋著名的文学家。4岁时父亲病逝，母亲便带着他到随州（今湖北随州）投奔其叔父欧阳晔。但叔父家的生活境况也不富裕，由于买不起纸笔，欧阳修的母亲便用池塘边的芦苇秆当笔，以沙地为纸，教欧阳修学习写字，并诵读历代的优秀文章。

在母亲的悉心教导下，天资聪颖的欧阳修学识大进。很快，家里的书籍都读完了，他便常常到附近有藏书的人家去借书来读，遇到喜欢的文句，他就连抄带背，有时不等抄完，已经背诵如流了。

有一次，欧阳修借到一套《昌黎先生集》，顿时，他被韩愈深厚雄博的文笔折服，一口气读到深夜，忘了吃饭，也忘了睡觉。当时正值宋朝初年，社会上流行华丽的文风，但内容却比较空洞。看了韩愈的文集后，欧阳修有意以韩文为范本，学习古文写作。十多岁时，他的文章已写得相当老练，连许多成年人都自叹不如。

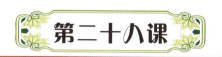

人焉廋哉

子曰："视①其所以，观②其所由，察③其所安。人焉廋④哉？人焉廋哉？"

——《论语·为政》

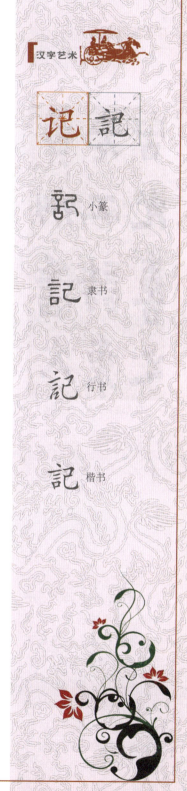

【注释】

①视：宏观地看，全面地看。②观：微观地看，细致地看。③察：考察。④廋（sōu）：隐藏。

【译文】

孔子说："注意看一个人的所作所为，观察他为达到一定的目的所采用的方式方法，再看他平常的涵养，安于什么，不安于什么。那么，这个人怎么隐藏得住呢？这个人怎么隐藏得住呢？"

【拓展】

用人的关键在于知人善任。任用贤能的人，可以使事业兴旺发达。任用无德无能的人，则会贻误事业。对一个人深入了解，是知人善任的条件。孔子在此明确提出了全面了解、考察一个人的原则和方法。

【链接】

人之难知也，江海不足以喻其深，山谷不足以配其险，浮云不足以比其变。 ——〔北宋〕苏轼

黄州潘大
老工詩東
岩光喜之

金农《隶书册页》（局部）

金农，清代诗人、书画家。早年擅长隶书，风格规整，朴实，其笔画未送到而收锋，结构严密，多内敛之势，而少外拓之姿。约50岁以后，他才独创扁笔书体"漆书"。《隶书册页》是漆书的代表作。

三人行，必有我师

子曰："三人行，必有我师焉。择其善者而从之，其不善者而改之。"

——《论语·述而》

【译文】

孔子说："几个人结伴而行，其中一定有可以做我老师的人。选择他们的长处加以学习，将他们的不足引以为戒，作为借鉴并加以改正。"

【拓展】

孔子的学问不是向某一个人学，而是向群体学习得来的。向群体学习，整个社会的人都是我们的老师。优秀的人是我们的老师，所谓"见贤思齐"，向优秀的人学习自己不具备的德行；道德品质低劣的人也是我们的老师，"见不贤而内自省"，我们以他为反面教材来反省自己的言行。

【链接】

求友须在良，得良终相善。求友若非良，非良中道变。欲知求友心，先把黄金炼。

——〔唐〕孟郊

知之为知之

子曰："由①！诲女②知之乎！知之为知之，不知为不知，是知③也。"

——《论语·为政》

中国传统书法

金农《隶书扇面》

【注释】

①由：仲由，字子路，孔子早年弟子，比孔子小 9 岁。②女：通"汝"，你。③知：通"智"，智慧。

【译文】

孔子说："仲由，我教给你求知的道理吧！知道就是知道，不知道就是不知道，这才是真正的智慧。"

【拓展】

"知之为知之，不知为不知"其实就是一种实事求是的科学态度。敢于对自己不懂的问题说"不知道"，不仅仅是一种气量，一种品格，也是一种境界。知其不足，才能不断地学习，不断地进步。古希腊哲学家苏格拉底说过："我只知道自己一无所知。"最有智慧的人往往是最谦逊的，这也正是他们能够取得伟大成就的原因之一。

【链接】

一个真认识自己的人，就没法不谦虚。谦虚使人的心缩小，像一个小石卵，虽然小，而极结实。结实才能诚实。

——老舍

金农的书法以古朴浑厚见长，用墨浓厚似漆，写出的字凸出纸面，所用的笔已剪去其尖毫，像扁平的刷子，用这样独特的笔写字，如同用刷漆的刷子写字一样，故有"漆书"之称。

吾有知乎哉

子曰："吾有知乎哉？无知也。有鄙夫问于我，空空如也。我叩其两端而竭①焉。"

——《论语·子罕》

峰峦扶地秀

江汉接天流

此句出自《声律启蒙·十一尤》。意思是：峰峦顺地势攀缘升高而秀出天外，长江和汉水浩瀚奔流似乎要到天尽头。

【注释】

①竭：穷尽，尽量。

【译文】

孔子说："我真有知识吗？没有知识！有个乡下人来问我一些问题，我一无所知。我询问了这些事情的正反始末以后，尽量回答他。"

【拓展】

古希腊哲学家苏格拉底和孔子一样，出身贫苦，但博学多识。他说："你们把我看成有学问，真是笑话！我什么都不懂。"孔子自认为"无知"，倒应验了"半罐水响叮当，满罐水摇不响"这句俗语。学问充实了以后反倒谦虚谨慎，是因为他们通过学习，认识到了更广阔、更精微的世界，从而对世界、对人生产生了深深的敬畏。

【链接】

偏见比无知离真理更远。　　　　——［苏］列宁

凡事皆贵专心，有所专宗，而博观他途，以扩其识，亦无不可。无所专宗，而见异思迁，此眩彼夺，则大不可。

　　　　　　　　　　　　　——〔清〕曾国藩

汉字艺术

贫

贫　小篆

贫　隶书

贫　行书

贫　楷书

悬梁刺股

郑燮《田游岩传》（局部）

郑燮，清代书画家，号板桥，"扬州八怪"之一。其一生仕途不顺，曾长期在扬州一带以卖字画为生，过着"日卖百钱，以代耕稼，实救困贫，托名风雅"的落拓生活。其楷书取法欧阳询，用笔匀净，结体端庄紧密。而晚年却打破平正方严的字形体势，呈现出结体敧侧、撇捺伸展的自家面貌，独创"六分半书"。

"悬梁刺股"这个成语源于两个故事。

"悬梁"的故事见于《太平御览》。孙敬，东汉著名的政治家。他年轻时到洛阳太学求学，每天从早到晚读书，常常废寝忘食，时间久了，也会疲倦得打瞌睡。他便找了一根绳子，一头绑在房梁上，一头束在头发上。当他读书打盹儿时，头一低，绳子就会扯住头发，自然也就不瞌睡了，就可以继续读书学习。从此，每天晚上读书时，他都用这种办法让自己不瞌睡，这就是孙敬"悬梁"的故事。

"刺股"的故事见于《战国策》。苏秦，战国时期著名的纵横家。他年少时便有大志，师从鬼谷子学习多年。他曾变卖家产，置办华丽行装，去秦国游说秦惠王，欲以连横之术统一中国，但未被采纳。由于在秦时日太久，以致盘缠用尽，他只好衣衫褴褛地返回家中。亲人见他如此落魄，对他十分冷淡。苏秦羞愧难当，下决心苦读，要做出一番事业。读书时他准备了一把锥子，一打瞌睡，他便用锥子往自己的大腿上刺，强迫自己清醒过来。一年后，他再次周游列国。这次，苏秦成功说服齐、楚、燕、韩、赵、魏"合纵"抗秦，并手握六国相印。这就是苏秦"刺股"的故事。

后人将这两个故事用"悬梁刺股"的成语加以概括，用以激励人发愤读书。

好之不如乐之

子曰："知之者不如好①之者，好之者不如乐②之者。"

——《论语·雍也》

中国传统书法

郑燮《行书轴》（局部）

【注释】

①好：爱好，喜好。②乐：意动用法，以……为乐。

【译文】

孔子说："（对于任何学问和事业）懂得它的人不如爱好它的人，爱好它的人不如以它为乐的人。"

【拓展】

兴趣和乐趣是成就学业和事业的重要基石。"要我学"不如"我要学"，"我要学"不如"以学为乐"。每个人如能快乐地读书求学、为人做事，必能做得更好，从而获得更大的成功。

【链接】

才能来自对事业的热爱，甚至可以说，才能实质上无非就是对事业的热爱，对工作的热爱。

——[苏]高尔基

《行书轴》，六分半书。六分半书的特点是：点画敦厚粗壮，多源出东坡；撇捺及长横敧斜取势，兼用提按之法，则脱化于黄庭坚；融入的隶书，除字形方扁和横笔、捺脚多有波磔以外，结构多采用篆书写法，以示古雅脱俗。六分半书堪称书法史上的一朵奇葩。

进，吾往也

子曰："譬如为山[①]，未成一篑[②]，止，吾止也。譬如平地，虽覆一篑，进，吾往也。"

——《论语·子罕》

浓绿柳敷阴

艳红花弄色

此句出自《声律启蒙·十二侵》。意思是：花朵的颜色娇艳鲜红，柳树的树荫浓郁深绿。

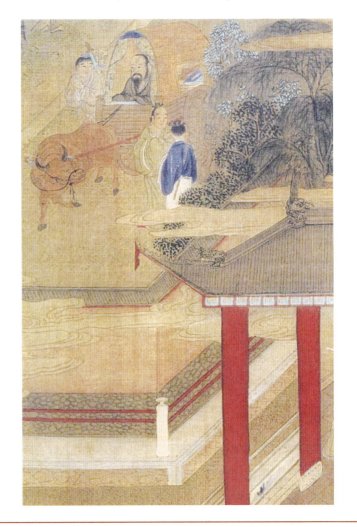

【注释】

　　①为山：积土成山。②篑（kuì）：土筐。

【译文】

　　孔子说："好比堆土成山，只差一筐土就能完成，但停住了，这是我自己半途而废。又好比用土平地，虽然只倒下了一筐土，坚持下去，这是我自己在不断前进。"

【拓展】

　　孔子强调，"功亏一篑而止，虽覆一篑犹进"，皆取决于自己。这句话形象地告诉了我们做事不能半途而废，只有持之以恒才能有所成就。《战国策·秦策》曰："行百里者半于九十。"一百里的路程走了九十里才算是走了一半，好比堆土为山和填沟平地，眼看只差一筐土了，却停了下来，岂不可惜？

【链接】

　　书不记，熟读可记；义不精，细思可精；唯有志不立，直是无着力处。　　　　——〔南宋〕朱熹

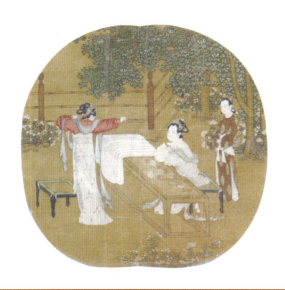

逝者如斯夫

子在川上曰："逝者①如斯夫！不舍②昼夜。"

——《论语·子罕》

刘墉书法作品

刘墉，清代名相，博通经史，兼工文翰，尤以书法名满天下，时有"浓墨宰相"之美誉。初看其书笨拙绵软，全无法度，细审方知经络分明而内含筋骨，点画转折全从古人法帖而来。其字丰腴肥厚而不乏遒媚之趣，淡雅舒缓而又颇具雍容之度，可谓"拙中含姿，淡中入妙"。

【注释】

①逝者：指流逝的时光。②舍：停止。

【译文】

孔子在河边感叹道："流逝的时光就像这河水一样啊！日夜不停地流去。"

【拓展】

滔滔江水日夜不停，流逝而去。由此可以想到悠悠世事无不如此，转瞬即逝；由此可以感悟光阴可贵，人人应奋发有为。

【链接】

今日复今日，今日何其少！今日又不为，此事何时了！人生百年几今日，今日不为真可惜！若言姑待明朝至，明朝又有明朝事。为君聊赋今日诗，努力请从今日始。

——〔明〕文嘉

明日复明日，明日何其多！我生待明日，万事成蹉跎。世人若被明日累，春去秋来老将至。朝看水东流，暮看日西坠。百年明日能几何，请君听我明日歌。

——〔明〕文嘉

刘墉《行书七言联》

《行书七言联》，用笔流畅，字字珠玑，肥腴中寓清刚，浑厚中轻灵飘逸。

■刘墉书法，发笔处丰满肥厚，墨少处则以枯笔为之，线条粗细对比清晰。"枯笔生巧，拙中含姿"，此正是其书法绝妙之处。

苗而不秀

子曰："苗而不秀①者有矣夫！秀而不实②者有矣夫！"

——《论语·子罕》

【注释】

①秀：稻、麦等庄稼吐穗、扬花叫秀。②实：结果实。

【译文】

孔子说："庄稼发芽而不开花是有的，开了花不结果也是有的！"

【拓展】

孔子用庄稼的生长过程来比喻一个人学习的过程，暗示我们，如果学习半途而废或者不努力，很可能在学习期满后得不到预期的学习效果。所以，切不可满足于当下已有的小小成就，而要更进一步，追求更高的境界。

【链接】

一个志在有大成就的人，他必须如歌德所说，知道限制自己。反之，什么事都想做的人，其实什么事都不能做，而终归于失败。

——[德]黑格尔

天寒邹吹律

岁旱傅为霖

此句出自《声律启蒙·十二侵》。意思是：天气寒冷庄稼不生，邹衍就吹动律管引来暖气催生草木；傅说为相，就像大旱年月国家遇到甘霖。

后生可畏

子曰："后生①可畏，焉知来者之不如今也？四十、五十而无闻②焉，斯亦不足畏也已。"

——《论语·子罕》

命去元、妙笽發清商元雅操消摇元责如是即性一
期不受当時元曲上晬觥天地元閒允保
凉風釣游鲤七高堂元上安神閒鬧防
踏躅畦苑遊戲平林濯清泉退下詠歸高堂

邓石如《隶书四条屏》（局部）

邓石如，清代书法家。原名琰，字石如，因避嘉庆皇帝名讳，故以字为名，以刻印鬻书维持生活。
《隶书四条屏》充分体现了他以篆法写隶书，体方笔圆、峭拔遒劲的特点。其隶书笔意遒劲豪放，结体紧密，貌丰骨劲，具有雄强厚重的美感意趣。

【注释】
①后生：指年少的人。②无闻：没有名声，指没有作为。

【译文】
孔子说："年轻人是值得敬畏的，怎能断定他的将来赶不上现在的人呢？一个人若到了四五十岁还没有作为，那他就没有什么可让人敬畏的了。"

【拓展】
此章节包含两层意思：一则教人谦虚，不要轻视学业未成的后生；二则勉励后生努力求学，珍惜年轻时的大好时光。因为少年时期是学习的最佳阶段，容易学有所成，到了中年，学习能力减退，四五十岁以后体力渐衰，所以无论是学业、事业都要在此之前成就。但四五十岁以后，仍然要继续学习。因为事物总是发展着的，停滞不前就会跟不上时代的步伐。

【链接】
谁虚度年华，青春就会褪色，生命就会抛弃他们。
—— [法]雨果
世界是你们的，也是我们的，但归根结底是你们的。你们青年人朝气蓬勃，正在兴旺时期，好像早晨八九点钟的太阳。希望寄托在你们身上。 —— 毛泽东

司马迁忍辱负重写《史记》

司马迁是我国西汉著名的史学家、文学家。天汉二年（公元前99年），正当司马迁全身心地撰写《史记》之时，却因为替讨伐匈奴的李广之孙李陵兵败辩护，被汉武帝打入大牢并判处死罪。

根据汉朝的刑法，死刑有两种豁免办法：一是拿五十万钱赎罪；二是受"腐刑"代之。司马迁家中钱财有限，因此只能接受腐刑。经受了腐刑的司马迁悲痛欲绝，甚至想到自杀，"是以肠一日而九回，居则忽忽若有所亡，出则不知其所往。每念斯耻，汗未尝不发背沾衣也"。后来，他想到了战国时期军事家孙膑的遭遇，顿时觉得充满了力量，想到自己如果就这样"伏法而死"毫无价值。于是，一个坚定的信念支撑着他战胜痛苦，那就是一定要活下去，把《史记》写完。

征和二年（公元前91年），司马迁终于铸就了中国历史文化的灿烂瑰宝——《史记》，此书共130篇，52万余字。

后人对司马迁的评价极高，有"文章西汉两司马，经济南阳一卧龙"的说法。

邓石如《白氏草堂记六屏》（局部）

《白氏草堂记六屏》，篆书。此作品线条圆涩厚重，笔力精绝，雄浑苍劲。邓石如篆书初学《峄山碑》及李阳冰，后遍学秦汉金石遗迹，融合秦、汉碑版而自成一家，用笔灵活，骨力坚劲，形成了婉转飘动、细腰长脚的篆书新风，《国朝书品》中尊推其为清书家唯一的"神品"。

山市拥晴岚

海门翻夕浪

朝闻夕死

子曰："朝①闻道，夕死可矣。"

——《论语·里仁》

【注释】

①朝：早晨。

【译文】

孔子说："早晨领悟了道，即便晚上就死去也是可以的啊。"

【拓展】

这是儒家对待生死的态度。明了世间万事万物发展规律的人，就可以做到乐天知命，知足常乐，而不会终日忧戚，担心衰老生病，恐惧死亡。

【链接】

有时我想，要是人们把活着的每一天都看作是生命的最后一天该有多好啊！这就更能显出生命的价值。

——[美]海伦·凯勒

此句出自《声律启蒙·十三覃》。意思是：傍晚大江的入海口翻腾起波浪，晴天山中的雾气聚集形成幻景。

君子忧道不忧贫

子曰："君子谋①道不谋食。耕也，馁②在其中矣；学也，禄③在其中矣。君子忧道不忧贫。"

——《论语·卫灵公》

汉字艺术

饿 馁

馁 小篆

馁 隶书

馁 行书

馁 楷书

【注释】

①谋：谋求。②馁：饿。③禄：俸禄。

【译文】

孔子说："君子谋求道而不谋求个人的衣食。耕种土地，有时也免不了挨饿；学习知识，也可能会做官获得俸禄。君子只担心能否得到道，而不担心贫穷。"

【拓展】

君子日夜考虑的不应只是日常的衣食温饱问题，而应通过学习取得知识和地位后，来追求大道。所以君子担忧的是道没有学成，一旦学有所成，解困也就在其中了。

【链接】

凡人总以立身为贵，学问尚是其次。不得因富贵而骄矜，因贫困而屈节。

——章太炎

老者安之，朋友信之，少者怀之

子路曰："愿闻子之志。"

子曰："老者安之①，朋友信之②，少者怀之③。"

——《论语·公冶长》

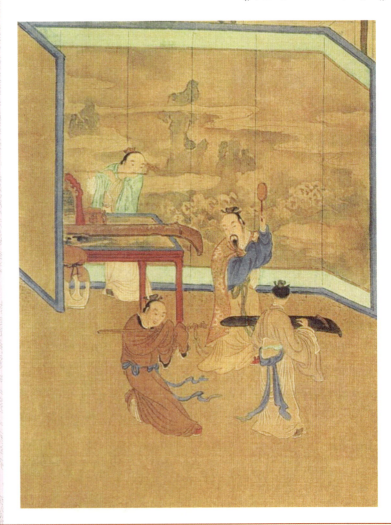

何绍基《论画语》（局部）

何绍基，晚清书法家、诗人。书法以行草见长，也最为世人称道。

《论画语》，草书。该帖用笔浓墨涩行，笔力沉劲而不乏飘逸之致；结字饶有隶意，字距加大，参差错落而奇趣横生。何绍基创作该帖时充分利用长锋羊毫蓄墨量大的特点，一气连写数字，直至笔墨枯竭，形成以涨墨和浓重点画为起点，渐行渐枯、渐行渐轻的节奏。晚清杨守敬赞曰："如天花乱坠，不可捉摸。"

【注释】

①安之：养之以安。②信之：与之以信。③怀之：怀之以恩。

【译文】

子路对孔子说："我想听听老师您的志向。"

孔子说："让老人都能得到赡养而安享晚年，使朋友们信任我，让年轻的人怀念我。"

【拓展】

"老者安""朋友信""少者怀"是孔子的理想社会蓝图，是孔子的追求，也是其儒家思想的政治追求。

【链接】

大道之行也，天下为公，选贤与能，讲信修睦。故人不独亲其亲，不独子其子，使老有所终，壮有所用，幼有所长，鳏寡孤独废疾者皆有所养，男有分，女有归。货恶其弃于地也，不必藏于己；力恶其不出于身也，不必为己。是故谋闭而不兴，盗窃乱贼而不作，故外户而不闭，是谓大同。

——《礼记·礼运》

中国传统书法

赵之谦篆书作品

赵之谦，清代书法家。他在书法方面的造诣是多方面的，可使真、草、隶、篆的笔法融为一体，相互补充，相映成趣。他的楷书方正有立体感，又具有遒润浑厚的特色；他的篆书方圆适度，雄浑中兼得潇洒沉静之致。

为中华之崛起而读书

酒市舞青帘　画堂施锦帐

　　周恩来是我国伟大的政治家和外交家。周恩来在少年时就有着远大的志向，12岁就立下了"为中华之崛起而读书"的誓言。

　　1911年年底，周恩来在沈阳东关模范学校上学。有一天，学校的校长把同学们召集起来，亲自给学生讲如何立志。讲到精彩处，他突然停下来，向学生提出一个问题："请问同学们为什么读书？"

　　有的同学说："为了给自己将来找条出路。"有的同学说："为了光耀门楣而读书。"还有个同学说："为了帮父母记账。"

　　校长问周恩来："你呢，为什么读书？"周恩来站起来大声说道："为中华之崛起而读书！"

　　后来，周恩来成为国务院总理，实现了自己少年时立下的志向——为中华之崛起而读书，并一直为新中国的建设事业兢兢业业地工作着。

　　此句出自《声律启蒙·十四盐》。意思是：彩绘的殿堂里挂着锦缎帐子，卖酒的集市上飘动着青布幌子。

周恩来少年时读书旧址

《论语》全文

（下）

子罕篇第九

1.子罕言利，与命，与仁。

2.达巷党人曰："大哉孔子！博学而无所成名。"子闻之，谓门弟子曰："吾何执？执御乎？执射乎？吾执御矣。"

3.子曰："麻冕，礼也；今也纯，俭，吾从众。拜下，礼也；今拜乎上，泰也。虽违众，吾从下。"

4.子绝四：毋意，毋必，毋固，毋我。

5.子畏于匡，曰："文王既没，文不在兹乎？天之将丧斯文也，后死者不得与于斯文也；天之未丧斯文也，匡人其如予何？"

6.太宰问于子贡曰："夫子圣者与？何其多能也？"子贡曰："固天纵之将圣，又多能也。"

子闻之，曰："太宰知我乎！吾少也贱，故多能鄙事。君子多乎哉？不多也。"

7.牢曰："子云：'吾不试，故艺。'"

8.子曰："吾有知乎哉？无知也。有鄙夫问于我，空空如也。我叩其两端而竭焉。"

9.子曰："凤鸟不至，河不出图，吾已矣夫！"

10.子见齐衰者、冕衣裳者与瞽者，见之，虽少，必作；过之，必趋。

11.颜渊喟然叹曰："仰之弥高，钻之弥坚。瞻之在前，忽焉在后。夫子循循然善诱人，博我以文，约我以礼，欲罢不能。既竭吾才，如有所立卓尔。虽欲从之，末由也已。"

12.子疾病，子路使门人为臣。病间，曰："久矣哉，由之行诈也！无臣而为有臣。吾谁欺？欺天乎？且予与其死于臣之手也，无宁死于二三子之手乎！且予纵不得大葬，予死于道路乎？"

13. 子贡曰："有美玉于斯，韫椟而藏诸？求善贾而沽诸？"子曰："沽之哉！沽之哉！我待贾者也。"

14. 子欲居九夷。或曰："陋，如之何？"子曰："君子居之，何陋之有？"

15. 子曰："吾自卫反鲁，然后乐正，《雅》《颂》各得其所。"

16. 子曰："出则事公卿，入则事父兄，丧事不敢不勉，不为酒困，何有于我哉？"

17. 子在川上曰："逝者如斯夫！不舍昼夜。"

18. 子曰："吾未见好德如好色者也。"

19. 子曰："譬如为山，未成一篑，止，吾止也。譬如平地，虽覆一篑，进，吾往也。"

20. 子曰："语之而不惰者，其回也与！"

21. 子谓颜渊，曰："惜乎！吾见其进也，未见其止也。"

22. 子曰："苗而不秀者有矣夫！秀而不实者有矣夫！"

23. 子曰："后生可畏，焉知来者之不如今也？四十、五十而无闻焉，斯亦不足畏也已。"

24. 子曰："法语之言，能无从乎？改之为贵。巽与之言，能无说乎？绎之为贵。说而不绎，从而不改，吾末如之何也已矣。"

25. 子曰："主忠信，毋友不如己者，过则勿惮改。"

26. 子曰："三军可夺帅也，匹夫不可夺志也。"

27. 子曰："衣敝缊袍，与衣狐貉者立，而不耻者，其由也与？'不忮不求，何用不臧？'"子路终身诵之。子曰："是道也，何足以臧？"

28. 子曰："岁寒，然后知松柏之后凋也。"

29. 子曰："知者不惑，仁者不忧，勇者不惧。"

30. 子曰："可与共学，未可与适道；可与适道，未可与立；可与立，未可与权。"

31. "唐棣之华，偏其反而。岂不尔思？室是远而。"子曰："未之思也，夫何远之有？"

乡党篇第十

1. 孔子于乡党，恂恂如也，似不能言者。

其在宗庙、朝廷，便便言，唯谨尔。

2.朝，与下大夫言，侃侃如也；与上大夫言，訚訚如也。君在，踧踖如也，与与如也。

3.君召使摈，色勃如也，足躩如也。揖所与立，左右手，衣前后，襜如也。趋进，翼如也。宾退，必复命曰："宾不顾矣。"

4.入公门，鞠躬如也，如不容。

立不中门，行不履阈。

过位，色勃如也，足躩如也，其言似不足者。

摄齐升堂，鞠躬如也，屏气似不息者。

出，降一等，逞颜色，怡怡如也。

没阶，趋进，翼如也。

复其位，踧踖如也。

5.执圭，鞠躬如也，如不胜。上如揖，下如授。勃如战色，足蹜蹜如有循。

享礼，有容色。

私觌，愉愉如也。

6.君子不以绀緅饰，红紫不以为亵服。

当暑，袗绤绤，必表而出之。

缁衣，羔裘；素衣，麑裘；黄衣，狐裘。

亵裘长，短右袂。

必有寝衣，长一身有半。

狐貉之厚以居。

去丧，无所不佩。

非帷裳，必杀之。

羔裘玄冠不以吊。

吉月，必朝服而朝。

7.齐，必有明衣，布。

齐必变食，居必迁坐。

8.食不厌精，脍不厌细。

食饐而餲，鱼馁而肉败，不食。色恶，不食。臭恶，不食。失饪，不食。不时，不食。割不正，不食。不得其酱，不食。

肉虽多，不使胜食气。

唯酒无量，不及乱。

沽酒市脯，不食。

不撤姜食，不多食。

9.祭于公，不宿肉。祭肉不出三日。出三日，不食之矣。

10.食不语，寝不言。

11.虽疏食菜羹瓜，祭，必齐如也。

12.席不正，不坐。

13.乡人饮酒，杖者出，斯出矣。

14.乡人傩，朝服而立于阼阶。

15.问人于他邦，再拜而送之。

16.康子馈药，拜而受之。曰："丘未达，不敢尝。"

17.厩焚。子退朝，曰："伤人乎？"不问马。

18.君赐食，必正席先尝之。君赐腥，必熟而荐之。君赐生，必畜之。

侍食于君，君祭，先饭。

19.疾，君视之，东首，加朝服，拖绅。

20.君命召，不俟驾行矣。

21.入太庙，每事问。

22.朋友死，无所归，曰："于我殡。"

23.朋友之馈，虽车马，非祭肉，不拜。

24.寝不尸，居不客。

25.见齐衰者，虽狎，必变。见冕者与瞽者，虽亵，必以貌。

凶服者式之。式负版者。

有盛馔，必变色而作。

迅雷风烈，必变。

26.升车，必正立，执绥。

车中不内顾，不疾言，不亲指。

27.色斯举矣，翔而后集。曰："山梁雌雉，时哉！时哉！"子路共之，三嗅而作。

先进篇第十一

1.子曰："先进于礼乐，野人也；后进于礼乐，君子也。如用之，则吾从先进。"

2.子曰："从我于陈、蔡者，皆不及门也。"

3.德行：颜渊，闵子骞，冉伯牛，仲弓。言语：宰我，子贡。政事：冉有，季路。文学：子游，子夏。

4.子曰："回也非助我者也，于吾言无所不说。"

5.子曰："孝哉闵子骞！人不间于其父母昆弟之言。"

6.南容三复"白圭"，孔子以其兄之子妻之。

7.季康子问："弟子孰为好学？"孔子对曰："有颜回者好学，不幸短命死矣，今也则亡。"

8.颜渊死，颜路请子之车以为之椁。子曰："才不才，亦各言其子也。鲤也死，有棺而无椁。吾不徒行以为之椁。以吾从大夫之后，不可徒行也。"

9.颜渊死。子曰："噫！天丧予！天丧予！"

10.颜渊死，子哭之恸。从者曰："子恸矣！"曰："有恸乎？非夫人之为恸而谁为？"

11.颜渊死，门人欲厚葬之。子曰："不可。"

门人厚葬之。子曰："回也视予犹父也，予不得视犹子也。非我也，夫二三子也。"

12.季路问事鬼神。子曰："未能事人，焉能事鬼？"曰："敢问死。"曰："未知生，焉知死？"

13.闵子侍侧，訚訚如也；子路，行行如也；冉有、子贡，侃侃如也。子乐。"若由也，不得其死然。"

14.鲁人为长府。闵子骞曰："仍旧贯，如之何？何必改作？"子曰："夫人不言，言必有中。"

15.子曰："由之瑟奚为于丘之门？"门人不敬子路。子曰："由也升堂矣，未入于室也。"

16.子贡问："师与商也孰贤？"子曰："师也过，商也不及。"

曰："然则师愈与？"子曰："过犹不及。"

17.季氏富于周公，而求也为之聚敛而附益之。子曰："非吾徒也。小子鸣鼓而攻之，可也。"

18.柴也愚，参也鲁，师也辟，由也喭。

19.子曰："回也其庶乎，屡空。赐不受命，而货殖焉，亿则屡中。"

20.子张问善人之道。子曰："不践迹，亦不入于室。"

21.子曰："论笃是与，君子者乎？色庄者乎？"

22.子路问："闻斯行诸？"子曰："有父兄在，如之何其闻斯行之？"

冉有问："闻斯行诸？"子曰："闻斯行之。"

公西华曰："由也问闻斯行诸，子曰，'有父兄在'；求也问闻斯行诸，子曰，'闻斯行之'。赤也惑，敢问。"子曰："求也退，故进之；由也兼人，故退之。"

23.子畏于匡，颜渊后。子曰："吾以女为死矣。"曰："子在，回何敢死？"

24.季子然问："仲由、冉求可谓大臣与？"子曰："吾以子为异之问，曾由与求之问。所谓大臣者，以道事君，不可则止。今由与求也，可谓具臣矣。"

曰："然则从之者与？"子曰："弑父与君，亦不从也。"

25.子路使子羔为费宰。子曰："贼夫人之子。"

子路曰："有民人焉，有社稷焉，何必读书，然后为学？"

子曰："是故恶夫佞者。"

26.子路、曾皙、冉有、公西华侍坐。

子曰："以吾一日长乎尔，毋吾以也。居则曰：'不吾知也！'如或知尔，则何以哉？"

子路率尔而对曰："千乘之国，摄乎大国之间，加之以师旅，因之以饥馑；由也为之，比及三年，可使有勇，且知方也。"

夫子哂之。

"求！尔何如？"

对曰："方六七十，如五六十，求也为之，比及三年，可使足民。如其礼乐，以俟君子。"

"赤！尔何如？"

对曰："非曰能之，愿学焉。宗庙之事，如会同，端章甫，愿为小相焉。"

"点！尔何如？"

鼓瑟希，铿尔，舍瑟而作，对曰："异乎三子者之撰。"

子曰："何伤乎？亦各言其志也。"

曰："莫春者，春服既成，冠者五六人，童子六七人，浴乎沂，风乎舞雩，咏而归。"

夫子喟然叹曰："吾与点也！"

三子者出，曾皙后。曾皙曰："夫三子者之言何如？"

子曰："亦各言其志也已矣。"

曰："夫子何哂由也？"

曰："为国以礼，其言不让，是故哂之。"

"唯求则非邦也与？"

"安见方六七十如五六十而非邦也者？"

"唯赤则非邦也与？"

"宗庙会同，非诸侯而何？赤也为之小，孰能为之大？"

颜渊篇第十二

1.颜渊问仁。子曰："克己复礼为仁。一日克己复礼，天下归仁焉。为仁由己，而由人乎哉？"

颜渊曰："请问其目。"子曰："非礼勿视，非礼勿听，非礼勿言，非礼勿动。"

颜渊曰："回虽不敏，请事斯语矣。"

2.仲弓问仁。子曰："出门如见大宾，使民如承大祭。己所不欲，勿施于人。在邦无怨，在家无怨。"

仲弓曰："雍虽不敏，请事斯语矣。"

3.司马牛问仁。子曰："仁者，其言也讱。"

曰："其言也讱，斯谓之仁已乎？"子曰："为之难，言之得无讱乎？"

4.司马牛问君子。子曰："君子不忧不惧。"

曰："不忧不惧，斯谓之君子已乎？"子曰："内省不疚，夫何忧何惧？"

5.司马牛忧曰："人皆有兄弟，我独亡。"子夏曰："商闻之矣：死生有命，富贵在天。君子敬而无失，与人恭而有礼。四海之内，皆兄弟也。君子何患乎无兄弟也？"

6.子张问明。子曰："浸润之谮，肤受之愬，不行焉，可谓明也已矣。浸润之谮，肤受之愬，不行焉，可谓远也已矣。"

7.子贡问政。子曰："足食，足兵，民信之矣。"子贡曰："必不得已而去，于斯三者何先？"曰："去兵。"子贡曰："必不得已而去，于斯二者何先？"曰："去食。自古皆有死，民无信不立。"

8.棘子成曰："君子质而已矣，何以文为？"子贡曰："惜乎，夫子之说君子也！驷不及舌。文犹质也，质犹文也。虎豹之鞟犹犬羊之鞟。"

9.哀公问于有若曰："年饥，用不足，如之何？"

有若对曰："盍彻乎？"

曰："二，吾犹不足，如之何其彻也？"

对曰："百姓足，君孰与不足？百姓不足，君孰与足？"

10.子张问崇德、辨惑。子曰："主忠信，徙义，崇德也。爱之欲其生，恶之欲其死。既欲其生，又欲其死，是惑也。'诚不以富，亦祗以异。'"

11. 齐景公问政于孔子。孔子对曰："君君，臣臣，父父，子子。"公曰："善哉！信如君不君，臣不臣，父不父，子不子，虽有粟，吾得而食诸？"

12. 子曰："片言可以折狱者，其由也与？"

子路无宿诺。

13. 子曰："听讼，吾犹人也。必也使无讼乎！"

14. 子张问政。子曰："居之无倦，行之以忠。"

15. 子曰："博学于文，约之以礼，亦可以弗畔矣夫。"

16. 子曰："君子成人之美，不成人之恶。小人反是。"

17. 季康子问政于孔子。孔子对曰："政者，正也。子帅以正，孰敢不正？"

18. 季康子患盗，问于孔子。孔子对曰："苟子之不欲，虽赏之不窃。"

19. 季康子问政于孔子曰："如杀无道，以就有道，何如？"孔子对曰："子为政，焉用杀？子欲善而民善矣。君子之德风，小人之德草，草上之风，必偃。"

20. 子张问："士何如斯可谓之达矣？"子曰："何哉，尔所谓达者？"子张对曰："在邦必闻，在家必闻。"子曰："是闻也，非达也。夫达也者，质直而好义，察言而观色，虑以下人。在邦必达，在家必达。夫闻也者，色取仁而行违，居之不疑。在邦必闻，在家必闻。"

21. 樊迟从游于舞雩之下，曰："敢问崇德，修慝，辨惑。"子曰："善哉问！先事后得，非崇德与？攻其恶，无攻人之恶，非修慝与？一朝之忿，忘其身，以及其亲，非惑与？"

22. 樊迟问仁。子曰："爱人。"问知。子曰："知人。"

樊迟未达。子曰："举直错诸枉，能使枉者直。"

樊迟退，见子夏，曰："向也吾见于夫子而问知，子曰'举直错诸枉，能使枉者直'，何谓也？"

子夏曰："富哉言乎！舜有天下，选于众，举皋陶，不仁者远矣。汤有天下，选于众，举伊尹，不仁者远矣。"

23. 子贡问友。子曰："忠告而善道之，不可则止，毋自辱焉。"

24. 曾子曰："君子以文会友，以友辅仁。"

子路篇第十三

1. 子路问政。子曰："先之，劳之。"请益。曰："无倦。"

2. 仲弓为季氏宰，问政。子曰："先有司，赦小过，举贤才。"

曰："焉知贤才而举之？"子曰："举尔所知；尔所不知，人其舍诸？"

3. 子路曰："卫君待子而为政，子将奚先？"

子曰："必也正名乎！"

子路曰："有是哉，子之迂也！奚其正？"

子曰："野哉，由也！君子于其所不知，盖阙如也。名不正，则言不顺；言不顺，则事不成；事不成，则礼乐不兴；礼乐不兴，则刑罚不中；刑罚不中，则民无所错手足。故君子名之必可言也，言之必可行也。君子于其言，无所苟而已矣。"

4. 樊迟请学稼。子曰："吾不如老农。"请学为圃。曰："吾不如老圃。"

樊迟出。子曰："小人哉，樊须也！上好礼，则民莫敢不敬；上好义，则民莫敢不服；上好信，则民莫敢不用情。夫如是，则四方之民襁负其子而至矣，焉用稼？"

5. 子曰："诵《诗》三百，授之以政，不达；使于四方，不能专对；虽多，亦奚以为？"

6. 子曰："其身正，不令而行；其身不正，虽令不从。"

7. 子曰："鲁卫之政，兄弟也。"

8. 子谓卫公子荆，"善居室。始有，曰：'苟合矣。'少有，曰：'苟完矣。'富有，曰：'苟美矣。'"

9. 子适卫，冉有仆。子曰："庶矣哉！"

冉有曰："既庶矣，又何加焉？"曰："富之。"

曰："既富矣，又何加焉？"曰："教之。"

10. 子曰："苟有用我者，期月而已可也，三年有成。"

11. 子曰："'善人为邦百年，亦可以胜残去杀矣。'诚哉是言也！"

12. 子曰："如有王者，必世而后仁。"

13. 子曰："苟正其身矣，于从政乎何有？不能正其身，如正人何？"

14. 冉子退朝。子曰："何晏也？"对曰："有政。"子曰："其事也。如有政，虽不吾以，吾其与闻之。"

15. 定公问："一言而可以兴邦，有诸？"

孔子对曰："言不可以若是其几也。人之言曰：'为君难，为臣不易。'如知为君之难也，不几乎一言而兴邦乎？"

曰："一言而丧邦，有诸？"

孔子对曰："言不可以若是其几也。人之言曰：'予无乐乎为君，唯其言而莫予违也。'如其善而莫之违也，不亦善乎？如不善而莫之违也，不几乎一言而丧邦乎？"

16. 叶公问政。子曰："近者说，远者来。"

17. 子夏为莒父宰，问政。子曰："无欲速，无见小利。欲速则不达，见小利则大事不成。"

18. 叶公语孔子曰："吾党有直躬者，其父攘羊，而子证之。"孔子曰："吾党之直者异于是。父为子隐，子为父隐，直在其中矣。"

19. 樊迟问仁。子曰："居处恭，执事敬，与人忠。虽之夷狄，不可弃也。"

20. 子贡问曰："何如斯可谓之士矣？"子曰："行己有耻，使于四方，不辱君命，可谓士矣。"

曰："敢问其次。"曰："宗族称孝焉，乡党称弟焉。"

曰："敢问其次。"曰："言必信，行必果，硁硁然小人哉！抑亦可以为次矣。"

曰："今之从政者何如？"子曰："噫！斗筲之人，何足算也？"

21. 子曰："不得中行而与之，必也狂狷乎！狂者进取，狷者有所不为也。"

22. 子曰："南人有言曰：'人而无恒，不可以作巫医。'善夫！"

"不恒其德，或承之羞。"子曰："不占而已矣。"

23. 子曰："君子和而不同，小人同而不和。"

24. 子贡问曰："乡人皆好之，何如？"子曰："未可也。"

"乡人皆恶之，何如？"子曰："未可也。不如乡人之善者好之，其不善者恶之。"

25. 子曰："君子易事而难说也。说之不以道，不说也；及其使人也，器之。小人难事而易说也。说之虽不以道，说也；及其使人也，求备焉。"

26. 子曰："君子泰而不骄，小人骄而不泰。"

27. 子曰："刚、毅、木、讷，近仁。"

28. 子路问曰："何如斯可谓之士矣？"子曰："切切偲偲，怡怡如也，可谓士矣。朋友切切偲偲，兄弟怡怡。"

29. 子曰："善人教民七年，亦可以即戎矣。"

30. 子曰："以不教民战，是谓弃之。"

宪问篇第十四

1. 宪问耻。子曰："邦有道，谷；邦无道，谷，耻也。"

"克、伐、怨、欲不行焉，可以为仁矣？"子曰："可以为难矣，仁则吾不知也。"

2. 子曰："士而怀居，不足以为士矣。"

3. 子曰："邦有道，危言危行；邦无道，危行言孙。"

4. 子曰："有德者必有言，有言者不必有德。仁者必有勇，勇者不必有仁。"

5. 南宫适问于孔子曰："羿善射，奡荡舟，俱不得其死然。禹、稷躬稼而有天下。"夫子不答。

南宫适出，子曰："君子哉若人！尚德哉若人！"

6. 子曰："君子而不仁者有矣夫，未有小人而仁者也。"

7. 子曰："爱之，能勿劳乎？忠焉，能勿诲乎？"

8. 子曰："为命，裨谌草创之，世叔讨论之，行人子羽修饰之，东里子产润色之。"

9. 或问子产。子曰："惠人也。"

问子西。曰："彼哉！彼哉！"

问管仲。曰："人也。夺伯氏骈邑三百，饭疏食，没齿无怨言。"

10. 子曰："贫而无怨难，富而无骄易。"

11. 子曰："孟公绰为赵、魏老则优，不可以为滕、薛大夫。"

12. 子路问成人。子曰："若臧武仲之知，公绰之不欲，卞庄子之勇，冉求之艺，文之以礼乐，亦可以为成人矣。"曰："今之成人者何必然？见利思义，见危授命，久要不忘平生之言，亦可以为成人矣。"

13. 子问公叔文子于公明贾曰："信乎，夫子不言，不笑，不取乎？"

公明贾对曰："以告者过也。夫子时然后言，人不厌其言；乐然后笑，人不厌其笑；义然后取，人不厌其取。"

子曰："其然？岂其然乎？"

14. 子曰："臧武仲以防求为后于鲁，虽曰不要君，吾不信也。"

15. 子曰："晋文公谲而不正，齐桓公正而不谲。"

16. 子路曰："桓公杀公子纠，召忽死之，管仲不死。"曰："未仁乎？"子曰："桓公九合诸侯，不以兵车，管仲之力也。如其仁，如其仁。"

17. 子贡曰："管仲非仁者与？桓公杀公子纠，不能死，又相之。"子曰："管仲相桓公，霸诸侯，一匡天下，民到于今受其赐。微管仲，吾其被发左衽矣。岂若匹夫匹妇之为谅也，自经于沟渎而莫之知也？"

18. 公叔文子之臣大夫僎与文子同升诸公。子闻之，曰："可以为'文'矣。"

19. 子言卫灵公之无道也，康子曰："夫如是，奚而不丧？"孔子曰："仲叔圉治宾客，祝鮀治宗庙，王孙贾治军旅。夫如是，奚其丧？"

20. 子曰："其言之不怍，则为之也难。"

21. 陈成子弑简公。孔子沐浴而朝，告于哀公曰："陈恒弑其君，请讨之。"公曰："告夫三子！"

孔子曰："以吾从大夫之后，不敢不告也。君曰'告夫三子'者！"

之三子告，不可。孔子曰："以吾从大夫之后，不敢不告也。"

22. 子路问事君。子曰："勿欺也，而犯之。"

23. 子曰："君子上达，小人下达。"

24. 子曰："古之学者为己，今之学者为人。"

25. 蘧伯玉使人于孔子。孔子与之坐而问焉，曰："夫子何为？"对曰："夫子欲寡其过而未能也。"

使者出。子曰"使乎！使乎！"

26. 子曰："不在其位，不谋其政。"

曾子曰："君子思不出其位。"

27. 子曰："君子耻其言而过其行。"

28. 子曰："君子道者三，我无能焉：仁者不忧，知者不惑，勇者不惧。"子贡曰："夫子自道也。"

29. 子贡方人。子曰："赐也贤乎哉？夫我则不暇。"

30. 子曰："不患人之不己知，患其不能也。"

31. 子曰："不逆诈，不亿不信，抑亦先觉者，是贤乎！"

32. 微生亩谓孔子曰："丘何为是栖栖者与？无乃为佞乎？"孔子曰："非敢为佞也，疾固也。"

33. 子曰："骥不称其力，称其德也。"

34. 或曰："以德报怨，何如？"子曰："何以报德？以直报怨，以德报德。"

35. 子曰："莫我知也夫！"子贡曰："何为其莫知子也？"子曰："不怨天，不尤人，下学而上达。知我者其天乎！"

36. 公伯寮愬子路于季孙。子服景伯以告，曰："夫子固有惑志于公伯寮，吾力犹能肆诸市朝。"

子曰："道之将行也与，命也；道之将废也与，命也。公伯寮其如命何！"

37. 子曰："贤者辟世，其次辟地，其次辟色，其次辟言。"

子曰："作者七人矣。"

38. 子路宿于石门。晨门曰："奚自？"子路曰："自孔氏。"曰："是知其不可而为之者与？"

39. 子击磬于卫，有荷蒉而过孔氏之门者，曰："有心哉，击磬乎！"既而曰："鄙哉，硁硁乎！莫己知也，斯已而已矣。深则厉，浅则揭。"

子曰："果哉！末之难矣。"

40. 子张曰："《书》云：'高宗谅阴，三年不言。'何谓也？"子曰："何必高宗，古之人皆然。君薨，百官总己以听于冢宰三年。"

41. 子曰："上好礼，则民易使也。"

42. 子路问君子。子曰："修己以敬。"

曰："如斯而已乎？"曰："修己以安人。"

曰："如斯而已乎？"曰："修己以安百姓。修己以安百姓，尧、舜其犹病诸？"

43. 原壤夷俟。子曰："幼而不孙弟，长而无述焉，老而不死，是为贼。"以杖叩其胫。

44. 阙党童子将命。或问之曰："益者与？"子曰："吾见其居于位也，见其与先生并行也。非求益者也，欲速成者也。"

卫灵公篇第十五

1. 卫灵公问陈于孔子。孔子对曰："俎豆之事，则尝闻之矣；军旅之事，未之学也。"明日遂行。

2. 在陈绝粮，从者病，莫能兴。子路愠见曰："君子亦有穷乎？"子曰："君子固穷，小人穷斯滥矣。"

3. 子曰："赐也，女以予为多学而识之者与？"对曰："然，非与？"曰："非也，予一以贯之。"

4. 子曰："由！知德者鲜矣。"

5. 子曰："无为而治者其舜也与？夫何为哉？恭己正南面而已矣。"

6. 子张问行。子曰："言忠信，行笃敬，虽蛮貊之邦，行矣。言不忠信，行不笃敬，虽州里，行乎哉？立则见其参于前也，在舆则见其倚于衡也，夫然后行。”子张书诸绅。

7. 子曰：“直哉史鱼！邦有道，如矢；邦无道，如矢。君子哉蘧伯玉！邦有道，则仕；邦无道，则可卷而怀之。”

8. 子曰：“可与言而不与之言，失人；不可与言而与之言，失言。知者不失人，亦不失言。”

9. 子曰：“志士仁人，无求生以害仁，有杀身以成仁。”

10. 子贡问为仁。子曰：“工欲善其事，必先利其器。居是邦也，事其大夫之贤者，友其士之仁者。”

11. 颜渊问为邦。子曰：“行夏之时，乘殷之辂，服周之冕，乐则《韶》舞。放郑声，远佞人。郑声淫，佞人殆。”

12. 子曰：“人无远虑，必有近忧。”

13. 子曰：“已矣乎！吾未见好德如好色者也。”

14. 子曰：“臧文仲其窃位者与！知柳下惠之贤而不与立也。”

15. 子曰：“躬自厚而薄责于人，则远怨矣。”

16. 子曰：“不曰‘如之何，如之何’者，吾末如之何也已矣。”

17. “群居终日，言不及义，好行小慧，难矣哉！”

18. 子曰：“君子义以为质，礼以行之，孙以出之，信以成之。君子哉！”

19. 子曰：“君子病无能焉，不病人之不己知也。”

20. 子曰：“君子疾没世而名不称焉。”

21. 子曰：“君子求诸己，小人求诸人。”

22. 子曰：“君子矜而不争，群而不党。”

23. 子曰：“君子不以言举人，不以人废言。”

24. 子贡问曰：“有一言而可以终身行之者乎？”子曰：“其恕乎！己所不欲，勿施于人。”

25. 子曰：“吾之于人也，谁毁谁誉？如有所誉者，其有所试矣。斯民也，三代之所以直道而行也。”

26. 子曰：“吾犹及史之阙文也。有马者借人乘之，今亡矣夫！”

27. 子曰：“巧言乱德。小不忍则乱大谋。”

28. 子曰：“众恶之，必察焉；众好之，必察焉。”

29. 子曰：“人能弘道，非道弘人。”

30. 子曰：“过而不改，是谓过矣。”

31. 子曰："吾尝终日不食，终夜不寝，以思，无益，不如学也。"

32. 子曰："君子谋道不谋食。耕也，馁在其中矣；学也，禄在其中矣。君子忧道不忧贫。"

33. 子曰："知及之，仁不能守之；虽得之，必失之。知及之，仁能守之。不庄以莅之，则民不敬。知及之，仁能守之，庄以莅之，动之不以礼，未善也。"

34. 子曰："君子不可小知而可大受也，小人不可大受而可小知也。"

35. 子曰："民之于仁也，甚于水火。水火，吾见蹈而死者矣，未见蹈仁而死者也。"

36. 子曰："当仁，不让于师。"

37. 子曰："君子贞而不谅。"

38. 子曰："事君，敬其事而后其食。"

39. 子曰："有教无类。"

40. 子曰："道不同，不相为谋。"

41. 子曰："辞达而已矣。"

42. 师冕见，及阶，子曰："阶也。"及席，子曰："席也。"皆坐，子告之曰："某在斯，某在斯。"

师冕出。子张问曰："与师言之道与？"子曰："然，固相师之道也。"

季氏篇第十六

1. 季氏将伐颛臾。冉有、季路见于孔子，曰："季氏将有事于颛臾。"

孔子曰："求！无乃尔是过与？夫颛臾，昔者先王以为东蒙主，且在邦域之中矣，是社稷之臣也。何以伐为？"

冉有曰："夫子欲之，吾二臣者皆不欲也。"

孔子曰："求！周任有言曰：'陈力就列，不能者止。'危而不持，颠而不扶，则将焉用彼相矣？且尔言过矣，虎兕出于柙，龟玉毁于椟中，是谁之过与？"

冉有曰："今夫颛臾，固而近于费。今不取，后世必为子孙忧。"

孔子曰："求！君子疾夫舍曰欲之而必为之辞。丘也闻有国有家者，不患贫而患不均，不患寡而患不安。盖均无贫，和无寡，安无倾。夫如是，故远人不服，则修文德以来之。既来之，则安之。今由与求也，相夫子，远人不服，而不能来也；邦分崩离析，而不能守也；而谋动干戈于邦内。吾恐季孙之忧，不在颛臾，而在萧墙之内也。"

2.孔子曰："天下有道，则礼乐征伐自天子出；天下无道，则礼乐征伐自诸侯出。自诸侯出，盖十世希不失矣；自大夫出，五世希不失矣；陪臣执国命，三世希不失矣。天下有道，则政不在大夫。天下有道，则庶人不议。"

3.孔子曰："禄之去公室五世矣，政逮于大夫四世矣，故夫三桓之子孙微矣。"

4.孔子曰："益者三友，损者三友。友直，友谅，友多闻，益矣。友便辟，友善柔，友便佞，损矣。"

5.孔子曰："益者三乐，损者三乐。乐节礼乐，乐道人之善，乐多贤友，益矣。乐骄乐，乐佚游，乐宴乐，损矣。"

6.孔子曰："侍于君子有三愆：言未及之而言谓之躁，言及之而不言谓之隐，未见颜色而言谓之瞽。"

7.孔子曰："君子有三戒：少之时，血气未定，戒之在色；及其壮也，血气方刚，戒之在斗；及其老也，血气既衰，戒之在得。"

8.孔子曰："君子有三畏：畏天命，畏大人，畏圣人之言。小人不知天命而不畏也，狎大人，侮圣人之言。"

9.孔子曰："生而知之者上也，学而知之者次也；困而学之又其次也；困而不学，民斯为下矣。"

10.孔子曰："君子有九思：视思明，听思聪，色思温，貌思恭，言思忠，事思敬，疑思问，忿思难，见得思义。"

11.孔子曰："见善如不及，见不善如探汤。吾见其人矣，吾闻其语矣。隐居以求其志，行义以达其道。吾闻其语矣，未见其人也。"

12.齐景公有马千驷，死之日，民无德而称焉。伯夷叔齐饿于首阳之下，民到于今称之。其斯之谓与？

13.陈亢问于伯鱼曰："子亦有异闻乎？"

对曰："未也。尝独立，鲤趋而过庭。曰：'学《诗》乎？'对曰：'未也。''不学《诗》，无以言。'鲤退而学《诗》。他日，又独立，鲤趋而过庭。曰：'学礼乎？'对曰：'未也。''不学礼，无以立。'鲤退而学礼。闻斯二者。"

陈亢退而喜曰："问一得三，闻《诗》，闻礼，又闻君子之远其子也。"

14.邦君之妻，君称之曰夫人，夫人自称曰小童；邦人称之曰君夫人，称诸异邦曰寡小君；异邦人称之亦曰君夫人。

阳货篇第十七

1. 阳货欲见孔子，孔子不见，归孔子豚。

孔子时其亡也，而往拜之，遇诸涂。

谓孔子曰："来！予与尔言。"曰："怀其宝而迷其邦，可谓仁乎？"曰："不可。好从事而亟失时，可谓知乎？"曰："不可。日月逝矣，岁不我与。"

孔子曰："诺，吾将仕矣。"

2. 子曰："性相近也，习相远也。"

3. 子曰："唯上知与下愚不移。"

4. 子之武城，闻弦歌之声。夫子莞尔而笑，曰："割鸡焉用牛刀？"

子游对曰："昔者偃也闻诸夫子曰：'君子学道则爱人，小人学道则易使也。'"

子曰："二三子！偃之言是也。前言戏之耳。"

5. 公山弗扰以费畔，召，子欲往。

子路不说，曰："末之也已，何必公山氏之之也？"

子曰："夫召我者，而岂徒哉？如有用我者，吾其为东周乎？"

6. 子张问仁于孔子。孔子曰："能行五者于天下为仁矣。"

"请问之。"曰："恭，宽，信，敏，惠。恭则不侮，宽则得众，信则人任焉，敏则有功，惠则足以使人。"

7. 佛肸召，子欲往。

子路曰："昔者由也闻诸夫子曰：'亲于其身为不善者，君子不入也。'佛肸以中牟畔，子之往也，如之何？"

子曰："然，有是言也。不曰坚乎，磨而不磷；不曰白乎，涅而不缁。吾岂匏瓜也哉？焉能系而不食？"

8. 子曰："由也！女闻六言六蔽矣乎？"对曰："未也。"

"居！吾语女。好仁不好学，其蔽也愚；好知不好学，其蔽也荡；好信不好学，其蔽也贼；好直不好学，其蔽也绞；好勇不好学，其蔽也乱；好刚不好学，其蔽也狂。"

9. 子曰："小子何莫学夫《诗》？《诗》，可以兴，可以观，可以群，可以怨。迩之事父，远之事君；多识于鸟兽草木之名。"

10. 子谓伯鱼曰："女为《周南》《召南》矣乎？人而不为《周南》《召南》，其犹正墙面而立也与？"

11. 子曰："礼云礼云，玉帛云乎哉？乐云乐云，钟鼓云乎哉？"

12. 子曰："色厉而内荏，譬诸小人，其犹穿窬之盗也与？"

13. 子曰："乡原，德之贼也。"

14. 子曰："道听而涂说，德之弃也。"

15. 子曰："鄙夫可与事君也与哉？其未得之也，患得之。既得之，患失之。苟患失之，无所不至矣。"

16. 子曰："古者民有三疾，今也或是之亡也。古之狂也肆，今之狂也荡；古之矜也廉，今之矜也忿戾；古之愚也直，今之愚也诈而已矣。"

17. 子曰："巧言令色，鲜矣仁。"

18. 子曰："恶紫之夺朱也，恶郑声之乱雅乐也，恶利口之覆邦家者。"

19. 子曰："予欲无言。"子贡曰："子如不言，则小子何述焉？"子曰："天何言哉？四时行焉，百物生焉，天何言哉？"

20. 孺悲欲见孔子，孔子辞以疾。将命者出户，取瑟而歌，使之闻之。

21. 宰我问："三年之丧，期已久矣。君子三年不为礼，礼必坏；三年不为乐，乐必崩。旧谷既没，新谷既升，钻燧改火，期可已矣。"

子曰："食夫稻，衣夫锦，于女安乎？"

曰："安。"

"女安，则为之！夫君子之居丧，食旨不甘，闻乐不乐，居处不安，故不为也。今女安，则为之！"

宰我出。子曰："予之不仁也！子生三年，然后免于父母之怀。夫三年之丧，天下之通丧也，予也有三年之爱于其父母乎？"

22. 子曰："饱食终日，无所用心，难矣哉！不有博弈者乎？为之，犹贤乎已。"

23. 子路曰："君子尚勇乎？"子曰："君子义以为上，君子有勇而无义为乱，小人有勇而无义为盗。"

24. 子贡曰："君子亦有恶乎？"子曰："有恶：恶称人之恶者，恶居下流而讪上者，恶勇而无礼者，恶果敢而窒者。"

曰："赐也亦有恶乎？""恶徼以为知者，恶不孙以为勇者，恶讦以为直者。"

25. 子曰："唯女子与小人为难养也，近之则不孙，远之则怨。"

26. 子曰："年四十而见恶焉，其终也已。"

微子篇第十八

1.微子去之，箕子为之奴，比干谏而死。孔子曰："殷有三仁焉。"

2.柳下惠为士师，三黜。人曰："子未可以去乎？"曰："直道而事人，焉往而不三黜？枉道而事人，何必去父母之邦？"

3.齐景公待孔子，曰："若季氏，则吾不能；以季、孟之间待之。"曰："吾老矣，不能用也。"孔子行。

4.齐人归女乐，季桓子受之，三日不朝，孔子行。

5.楚狂接舆歌而过孔子曰："凤兮凤兮！何德之衰？往者不可谏，来者犹可追。已而，已而！今之从政者殆而！"

孔子下，欲与之言。趋而辟之，不得与之言。

6.长沮、桀溺耦而耕，孔子过之，使子路问津焉。

长沮曰："夫执舆者为谁？"

子路曰："为孔丘。"

曰："是鲁孔丘与？"

曰："是也。"

曰："是知津矣。"

问于桀溺。

桀溺曰："子为谁？"

曰："为仲由。"

曰："是鲁孔丘之徒与？"

对曰："然。"

曰："滔滔者天下皆是也，而谁以易之？且而与其从辟人之士也，岂若从辟世之士哉？"耰而不辍。

子路行以告。

夫子怃然曰："鸟兽不可与同群，吾非斯人之徒与而谁与？天下有道，丘不与易也。"

7.子路从而后，遇丈人，以杖荷蓧。

子路问曰："子见夫子乎？"

丈人曰："四体不勤，五谷不分。孰为夫子？"植其杖而芸。

子路拱而立。

止子路宿，杀鸡为黍而食之，见其二子焉。

明日，子路行以告。

子曰："隐者也。"使子路反见之。至，则行矣。

子路曰："不仕无义。长幼之节，不可废也；君臣之义，如之何其废之？欲洁其身，而乱大伦。君子之仕也，行其义也。道之不行，已知之矣。"

8. 逸民：伯夷、叔齐、虞仲、夷逸、朱张、柳下惠、少连。子曰："不降其志，不辱其身，伯夷、叔齐与！"谓："柳下惠、少连，降志辱身矣，言中伦，行中虑，其斯而已矣。"谓："虞仲、夷逸，隐居放言，身中清，废中权。我则异于是，无可无不可。"

9. 大师挚适齐，亚饭干适楚，三饭缭适蔡，四饭缺适秦，鼓方叔入于河，播鼗武入于汉，少师阳、击磬襄入于海。

10. 周公谓鲁公曰："君子不施其亲，不使大臣怨乎不以。故旧无大故，则不弃也。无求备于一人！"

11. 周有八士：伯达、伯适、仲突、仲忽、叔夜、叔夏、季随、季骃。

子张篇第十九

1. 子张曰："士见危致命，见得思义，祭思敬，丧思哀，其可已矣。"

2. 子张曰："执德不弘，信道不笃，焉能为有？焉能为亡？"

3. 子夏之门人问交于子张。子张曰："子夏云何？"

对曰："子夏曰：'可者与之，其不可者拒之。'"

子张曰："异乎吾所闻：君子尊贤而容众，嘉善而矜不能。我之大贤与，于人何所不容？我之不贤与，人将拒我，如之何其拒人也？"

4. 子夏曰："虽小道，必有可观者焉；致远恐泥，是以君子不为也。"

5. 子夏曰："日知其所亡，月无忘其所能，可谓好学也已矣。"

6. 子夏曰："博学而笃志，切问而近思，仁在其中矣。"

7. 子夏曰："百工居肆以成其事，君子学以致其道。"

8. 子夏曰："小人之过也必文。"

9. 子夏曰："君子有三变：望之俨然，即之也温，听其言也厉。"

10. 子夏曰："君子信而后劳其民；未信，则以为厉己也。信而后谏；未信，则以为谤己也。"

11. 子夏曰："大德不逾闲，小德出入可也。"

12. 子游曰："子夏之门人小子，当洒扫应对进退，则可矣，抑末也。本之则无，如之何？"

子夏闻之，曰："噫！言游过矣！君子之道，孰先传焉？孰后倦焉？譬诸草木，区以别矣。君子之道，焉可诬也？有始有卒者，其惟圣人乎！"

13. 子夏曰："仕而优则学，学而优则仕。"

14. 子游曰："丧致乎哀而止。"

15. 子游曰："吾友张也为难能也，然而未仁。"

16. 曾子曰："堂堂乎张也，难与并为仁矣。"

17. 曾子曰："吾闻诸夫子：人未有自致者也，必也亲丧乎！"

18. 曾子曰："吾闻诸夫子：孟庄子之孝也，其他可能也；其不改父之臣与父之政，是难能也。"

19. 孟氏使阳肤为士师，问于曾子。曾子曰："上失其道，民散久矣。如得其情，则哀矜而勿喜！"

20. 子贡曰："纣之不善，不如是之甚也。是以君子恶居下流，天下之恶皆归焉。"

21. 子贡曰："君子之过也，如日月之食焉：过也，人皆见之；更也，人皆仰之。"

22. 卫公孙朝问于子贡曰："仲尼焉学？"子贡曰："文、武之道，未坠于地，在人。贤者识其大者，不贤者识其小者。莫不有文、武之道焉。夫子焉不学？而亦何常师之有？"

23. 叔孙武叔语大夫于朝曰："子贡贤于仲尼。"

子服景伯以告子贡。

子贡曰："譬之宫墙，赐之墙也及肩，窥见室家之好。夫子之墙数仞，不得其门而入，不见宗庙之美、百官之富。得其门者或寡矣。夫子之云，不亦宜乎！"

24. 叔孙武叔毁仲尼。子贡曰："无以为也！仲尼不可毁也。他人之贤者，丘陵也，犹可逾也；仲尼，日月也，无得而逾焉。人虽欲自绝，其何伤于日月乎？多见其不知量也。"

25. 陈子禽谓子贡曰："子为恭也，仲尼岂贤于子乎？"

子贡曰："君子一言以为知，一言以为不知，言不可不慎也。夫子之不可及也，犹天之不可阶而升也。夫子之得邦家者，所谓立之斯立，道之斯行，绥之斯来，动之斯和。其生也荣，其死也哀，如之何其可及也？"

尧曰篇第二十

1.尧曰："咨！尔舜！天之历数在尔躬，允执其中。四海困穷，天禄永终。"舜亦以命禹。

曰："予小子履，敢用玄牡，敢昭告于皇皇后帝：有罪不敢赦。帝臣不蔽，简在帝心。朕躬有罪，无以万方；万方有罪，罪在朕躬。"

周有大赉，善人是富。"虽有周亲，不如仁人。百姓有过，在予一人。"

谨权量，审法度，修废官，四方之政行焉。兴灭国，继绝世，举逸民，天下之民归心焉。

所重：民、食、丧、祭。

宽则得众，信则民任焉，敏则有功，公则说。

2.子张问于孔子曰："何如斯可以从政矣？"

子曰："尊五美，屏四恶，斯可以从政矣。"

子张曰："何谓五美？"

子曰："君子惠而不费，劳而不怨，欲而不贪，泰而不骄，威而不猛。"

子张曰："何谓惠而不费？"

子曰："因民之所利而利之，斯不亦惠而不费乎？择可劳而劳之，又谁怨？欲仁而得仁，又焉贪？君子无众寡，无小大，无敢慢，斯不亦泰而不骄乎？君子正其衣冠，尊其瞻视，俨然人望而畏之，斯不亦威而不猛乎？"

子张曰："何谓四恶？"

子曰："不教而杀谓之虐；不戒视成谓之暴；慢令致期谓之贼；犹之与人也，出纳之吝谓之有司。"

3.孔子曰："不知命，无以为君子也；不知礼，无以立也；不知言，无以知人也。"

致 家 长

传统文化教育的目标是培养具有"完美人格"的孩子。

教育的最终目的在于"育人",其核心工作是帮助孩子在青少年阶段塑造良好的人格。"尊重"和"责任"是人格教育的核心。尊重会引申出尊重自己、尊重他人、尊重生命以及维系生命的环境;责任会引申出诚信、礼让、谨慎、助人、同情、合作、勇敢、正直。而中国的传统文化所提倡的"仁""义""礼""智""信""忠""孝""勤""恭""俭"等思想,正是人格教育最核心的部分。我们能够用中华传统文化教育好中国的孩子,同时我们也希望家长明白:给孩子文化比给他知识更重要,给孩子思想比给他金钱更有意义。

传统文化教育课程规划分为低年龄段"蒙学基础教育"、中年龄段"诗词美学教育"和高年龄段"中国传统哲学思想教育"三大模块,包括《弟子规》、《三字经》、《千字文》、《中国古典诗词欣赏》、《声律启蒙》(上、下)、《论语》(上、下)、《孟子》(上、下)、《大学》、《中庸》、《古文观止新编》(上、下)、《孙子兵法》(上、下)等20册教材。每册教材的教学内容基本上分为经典教学、民俗文化与艺术、汉字字体识读三大部分,其中民俗文化与艺术教学模块涉及"中华楹联欣赏""二十四节气与中医养生""中国年画""中国京剧脸谱""中国传统书法""中国传统绘画""中国玉文化""中国陶瓷文化"等多个文化主题。每册教材分别配置一个专题,以培养孩子们对民族文化的认同感,增强其对民族文化的热爱。通过系统的经典文化教育,使孩子们成为具有良好行为规范、高雅审美情趣、质朴道德操守、深邃哲学思想的,具备"完美人格"的优秀人才。

青少年的成长离不开思想的积淀,其文化品质和精神境界等非智力因素将是成功人生的重要基石。让孩子们学习中国的传统文化吧!因为那里面有"天下为公"的理念、"位卑未敢忘忧国"的精神、"先天下之忧而忧,后天下之乐而乐"的胸怀、"宁为玉碎,不为瓦全"的风骨、"富贵不能淫,贫贱不能移,威武不能屈"的操守、"己所不欲,勿施于人"的原则、"天行健,君子以自强不息"的意志、"地势坤,君子以厚德载物"的雅量、"无为而无不为"的智慧、"见贤思齐""无欲则刚"的境界、"高山流水"般的友谊等宝贵的经验总结。

致 教 师

传统文化教育是创新而不是复古。

儿童时期，人的记忆能力最强，经典诵读是这一阶段学习中国传统文化的主要方式。古代有"背带书""背理书""背年书""挑书"之说。孩子刚开始读这些书时，资质普通的，每天背两三行就可以了，若是聪明一些的或者年龄稍大一些的，可以酌量增加。第二天要求背诵第一天学过的内容，如果背不出来就让他接着读。每天都要检查前些天所学内容的背诵情况，这叫"背带书"。以前背过的整本书，也要随时抽背，这叫"背理书"。一年终了，要让孩子将一年所学过的内容通背一遍，这叫"背年书"。如果背不出来，就要重读，直到准确无误地背出来为止。对于已经背过的书，还要时不时抽取其中的一句，让孩子背上下文，这叫"挑书"。只有这样，才能让孩子把书背得滚瓜烂熟。

课题组建议，低年龄段传统文化经典教育以诵读为主，并结合德育教育讲读部分内容。中高年龄段传统文化经典教育，可以在诵读与讲读并重的同时，加强对国学思想文化的讲解；把现代教育理论和方法引入传统文化课堂之中，尝试中小学传统文化教育研究性学习、自主性学习和综合实践课设计，以学生和教学主题为主体，教师帮助学生设立研究性学习目标，确定信息收集范围和途径，建立学生学习型组织，帮助学生讨论主题概念内涵，协助学生制订学习计划，让学生分享学习目标，并在合作性学习中促进学生的自我认知和综合素质的提高。在教学过程中，教师应关注学生的差异性而非结果，教学评价强调的是集体而非个体，要让学生明确："学习讨论的目的是探究事物的共同之处，以达成共识或局部认同；个人知识的增长来源于同组其他同伴的思想和观点。"根据学生的认知能力设计好的主题，在尊重的基础上发展学习型伙伴关系，以教材各知识点为素材，建立跨学科的知识关联内容体系，为孩子们设计出既能加深对传统文化的理解，又符合当代社会文化需求，同时又是孩子们喜欢的、能发挥其自身能动性的主题教学，这将是传统文化进入校本课程的最优模式。传统文化教学方法不应仅停留在诵读阶段，应根据学科特点和现代教育理论，由各实验区/校教师共同努力，走出一条教法创新之路。

民俗文化与艺术教学模块，建议教师插入每节课的教学之中或单独设计相关综合实践课程，其教学目的是让学生初步了解丰富的中华传统文化，掌握民族文化特色，"滋养其文化内涵，培育其民族认同，引导其审美情趣"。

汉字字体识读教学模块，由教师介绍汉字演变过程、字体间架结构、各类写法认读，并指导孩子们正确书写。通过对中华文明传承的符号——汉字的全方位介绍，唤起学生对汉字的兴趣，加深其对中华文化的认同与理解。此教学模块以培养学生兴趣为主，不作统一教学要求。

致课题实验区/校

传统文化教育是具有高强度内部关联的综合性学科体系。

●课题研究所提倡的中华优秀传统文化教育，其概念界定至少应包括国学经典、传统艺术和民俗文化，其课程结构既要提倡"儒学养正"，还要兼顾"文化浸润"，更要突出"百家争鸣"。传统文化教育是系统课程，其课程体系存在内部联系和相互支撑，绝不是《弟子规》《论语》等一两门课程的诵读问题，希望各实验区/校按以下课程规划开课：

中国传统文化教育全国中小学实验教材（天津版）实验课程结构

书 名	适用学段	民俗文化与艺术	天津地区文化
《弟子规》	一年级上	中国传统历法	天津的山水风光
《三字经》	一年级下	二十四节气与中医养生	天津的历史名人
《千字文》	二年级上	中国年画	天津的传统美食
《中国古典诗词欣赏》	二年级下	汉字艺术	天津的人文古迹
《声律启蒙》（上）	三年级上	中国京剧脸谱	天津的历史风貌建筑
《声律启蒙》（下）	三年级下	中国京剧脸谱	天津的文物珍品
《论 语》（上）	四年级上	中国传统书法	天津的非物质文化遗产（上）
《论 语》（下）	四年级下	中国传统书法	天津的非物质文化遗产（下）
《孟 子》（上）	五年级上	中国传统绘画	天津的近代报业
《孟 子》（下）	五年级下	中国传统绘画	天津的航运文化
《大 学》	六年级上	中国陶瓷文化	天津的曲艺文化
《中 庸》	六年级下	中国玉文化	天津的租界文化
《古文观止新编》（上）	七年级上		
《古文观止新编》（下）	七年级下		
《孙子兵法》（上）	八年级上		
《孙子兵法》（下）	八年级下		
《高中传统文化通识教材 孔孟之道》	高一年级上学期		
《高中传统文化通识教材 老庄哲学》	高一年级下学期		
《高中传统文化通识教材 诸子思想》	高二年级上学期		
《高中传统文化通识教材 诗词曲赋》	高二年级下学期		

●教学实验的难点是专业师资问题，培养具有国学文化基础和传统艺术修养的专业教师是学科教学实验最艰巨的任务。全国骨干教师培训工作，将由课题组科研管理办公室承担。

●教学实验的重点是学科教法研究和教育科学研究，课题组正在建设"中小学传统文化教育全国教科研协作平台"。

教科研协作平台网址：http://www.chn5000.org，欢迎一线教师在此平台上互相交流、学习，并多提宝贵建议。

"十二五"教育部规划课题"传统文化与中小学生人格培养研究"咨询：010-84045905，guoxue001@126.com。

致 谢

传统文化的复兴，将深刻影响五十年之后的中国。

在"十一五"教育部规划课题"教育信息资源有效应用对策研究"国学教育专项研究工作的首次课题论证会上，专家即提出指导意见："第一，中华民族优秀传统文化复兴意义极其巨大，对内将重塑民族道德体系，对外将提升国家文化软实力并保证国家文化安全。第二，目前传统文化教育无教育目标、无教育理论、无课程规划与教材、无师资储备、无学科教研体系支撑，建立系统的课程体系至少需要通过三个五年课题研究规划，分阶段完成学科理论与课程构建研究。第三，传统文化是一种思想体系、一种价值观，也是一种修养、一种境界。若能在中小学普及，必将深刻影响五十年后的中国。"课题研究在国家总督学顾问陶西平同志、国家副总督学郭福昌同志、中央教育科学研究所原副所长滕纯同志和柳芳主任的领导下，通过六年的努力工作，完成了学科教育理论研究和课程结构规划，编著了国内第一版中小学传统文化教育实验教材。教材在五年内历经三次改版，第四版教材于2011年由人民教育出版社出版。2012年，该系列教材通过教育部基础教育课程教材发展中心审定，进入全国中小学图书馆装备图书推荐目录。

2012年，课题研究进入"十二五"阶段，确立了教育部"十二五"规划课题"传统文化与中小学生人格培养研究"，再次明确了传统文化在基础教育中的作用是青少年人格培养。建立中国特色的人格教育课程体系已是社会所急需，也是构建和谐稳定社会的最根本办法之一。课题研究由国家督学郑增仪同志主持，工作重点是在完善课程体系的基础上，着力开展专业师资培养和学科教法研究工作，为传统文化能在中小学普及打好科研基础。

2013年，我们承担了国家文化战略重点项目"中华优秀传统文化传承体系构建研究"课题，将在学前教育、基础教育、高等教育、成人教育、社区教育和海外汉文化传播六个方面开展工作。课题研究由国家行政学院徐鸿武教授主持，已于2014年年末完成学前教育至海外汉文化教育全系列（700册）标准化教材研发，并开展大范围课程实验工作，让中国传统文化助力中国梦的实现。同时，将在欧洲、美洲、亚洲、非洲、大洋洲建立五个海外汉文化中心，培养并输送具有中国传统文化与艺术基础的新一代汉文化高级教师。

十多年课题研究得到了各级领导的大力支持和帮助，他们是中共中央宣传部原副秘书长李长喜同志，国家总督学顾问陶西平同志，国家督学、教育部基础教育司原副司长郑增仪同志，中央教育科学研究所原副所长滕纯同志和徐长发书记，教育部基础教育课程教材发展中心田慧生主任、曹志祥副主任，中国教育电视台（山东台）迟朋亘副台长，清华大学科技园曹达主任，人民教育出版社韦志榕总编辑、陈晨主任，中国曲艺网总编辑陈维平等。《中国传统文化教育全国中小学实验教材》（天津版）是"十一五""十二五"教育部传统文化规划课题的重大成果，前后有近百位专家、学者及一线教师参与论证和编著工作，版式设计、排版编辑由国学中心作为出品单位统一负责。本书作者稿酬及插图设计等费用已付，其费用均已包括纸质及数字形态等各种出版形式。另有极少部分作者无法联络，任何有关稿酬未明事宜，请与本中心联系。此套教材是团队共同努力之作，在此对历次参与教材编审的专家、学者曹青阳、张鹏举、杨建华、徐俊德、肖宝军、魏文元、沈宏邦、熊家华、李墨卿、曾少雄、李颖、卢洪利、张存忠、周爱彬、何艳萍、张秀萍、王金和、佟明晶、张颖辉、唐元滇、唐元黔、黄贵来、晋显富、赵建国、占迪、李芮锐、刘春阳、陆林明、吉建宁、闫晓明、李晓林、刘博新等，一并表示感谢。

鉴于传统文化的博大精深，编者水平之有限，若有不妥之处，敬请读者批评指正为盼。

张 健

"十二五"教育部规划课题

"传统文化与中小学生人格培养研究"总课题组执行主任